El sí de las niñas

Letras Hispánicas

Leandro Fernández de Moratín

El sí de las niñas

Edición de José Montero Padilla

DECIMOCTAVA EDICIÓN

CÁTEDRA

LETRAS HISPANICAS

Ilustración de cubierta: Juana Andueza

© Ediciones Cátedra, S. A., 1992
Telémaco, 43. 28027 Madrid
Depósito legal: M. 20.359-1992
ISBN: 84-376-0038-3
Printed in Spain
Impreso en Gráficas Rogar, S. A.
Pol. Cobo Calleja. FUENLABRADA (Madrid)

Índice

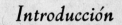

Introducción

Leandro Fernández de Moratín. Cuadro de Goya

Vida de Leandro Fernández de Moratín

La infancia del escritor

Leandro Fernández de Moratín —Moratín *hijo,* como tantas veces suele llamársele— nació en Madrid, en una casa de la calle de Santa María, esquina a la de San Juan —hoy de Moratín—, el 10 de marzo de 1760. Era el primogénito de Nicolás Fernández de Moratín, el también famoso escritor, y de Isidora Cabo Conde, quienes tuviéron otros hijos —Miguel, María y Facundo—, aunque a estos últimos los perdieron muy niños, tanto que su hermano pudo escribir: «Apenas me acuerdo de haberlos conocido.» El bautizo se celebró en iglesia de tan dilatada tradición literaria como la madrileña de San Sebastián. El propio escritor hace referencia a la ceremonia en una carta dirigida, desde Francia, a su tía Ana, «la que me llevó —escribe— recién nacido desde la calle de San Juan a la parroquia de San Sebastián bendito, y allí me tuvo en la pila para que me bautizaran y me llamasen Leandro».

El mismo Moratín cuenta en su *Autobiografía,* al recordar sus años infantiles, cómo salió de la escuela: «Sin haber adquirido vicio ni resabio particular de parte de mis condiscípulos: no adquirí —indica a continuación— ninguna amistad con ellos, ni supe jugar al trompo, ni a la taba, ni a la rayuela, ni a las aleluyas; acabadas las horas de estudio, recogía mi cartera y desde la escuela, cuya puerta se veía desde mi casa, me ponía en ella de un salto.

Allí veía los amigos de mi padre, oía sus conversaciones literarias, adquirí un desmedido amor al estudio, leía a *Don Quijote* y al *Lazarillo,* las *Guerras de Granada,* libro delicioso para mí; la *Historia,* de Mariana, y de todos los poetas españoles, de los cuales había en la librería de mi padre escogida abundancia. Esta ocupación y la de ir a ver a mi pobre abuelo, a quien ya reducían los achaques y los largos años a salir muy poco de casa, me entretenían el tiempo, y así pasé —concluye Moratín, con frase en la que hay acaso un temblor de melancolía— los nueve años primeros de mi vida, sin acordarme de que era un muchacho» [1].

Estas palabras autobiográficas dicen ya mucho del carácter del escritor. Un amigo suyo, Juan Antonio Melón, hará referencia a su condición *taciturna* y *reservada.*

Varios de sus biógrafos conceden importancia decisiva al hecho de que a los cuatro años padeciese la viruela y quedase marcado de ella. Así, por ejemplo, Manuel Silvela escribe estas palabras: «A los cuatro años de edad, le dieron unas viruelas de tal malignidad, que estuvo a la muerte... El estrago que este azote de la infancia hizo en su fisonomía no fue menor que el que causó en su índole. Alteróse notablemente su condición, y siendo antes amable, dulce, festivo con todos, suelto de lengua, vivo e impetuoso, se volvió llorón, impaciente, disputador, tímido y reservado» [2].

Unas palabras del propio Moratín autorizan tal suposición: «Tenía yo cuatro años, cuando las viruelas me pusieron a punto de muerte... Quedé feo, pelón, colorado, débil, caprichoso, llorón, impaciente, tan dis-

---

[1] *Obras póstumas,* III, 305.
[2] *Vida de ...,* en *Obr. póst.,* I, 6.

tinto del que antes era, que no parecía el mismo. Mi tía me hacía desesperar a cada instante. Quejas a mi abuela, disculpas de mi tía, discordia, castigos: todo era confusión en aquella casa, y todo lo causaba el maldito humor que adquirí. Fui poco a poco deshaciéndome de él; perdí con las viruelas aquel ímpetu de mis primeros años, aquella seguridad en mis opiniones, aquella facilidad de trato que antes me hacía tan amable; me quedó el talento, y con él un temor de errar en lo que discurría, que me hizo silencioso y meditabundo. En mi casa y entre los míos era alegre y sencillo; pero al presentarse persona poco íntima hallaba en mí un muchacho reservado y poco social»[3]. Esta circunstancia explicaría, pues, la actitud vital retraída y esquiva de Moratín. Junto a tal suposición, cabe, lógicamente, pensar en una natural predisposición introvertida. Acorde con esto último, Fernando Lázaro sostiene: «Moratín pertenece al tipo psicológico de los sentimentales introvertidos», y precisa a continuación: «... Obvio es decir que tomamos esta definición en un sentido caracterológico preciso, y no en su acepción banal que sólo en parte lo recubre»[4].

La biografía de Leandro Fernández de Moratín, falta de grandes acontecimientos, se nos aparece, en cambio, llena de interés para el análisis psicológico. (Hondas sugestiones poseen, a este respecto, los *Diarios* y el *Epistolario* del escritor.) Pérez Galdós llegaba a afirmar que «la vida de Moratín es tan interesante como sus obras»[5].

[3] *Obr. póst.,* III, 303-304.
[4] «Moratín, resignado», en *Ínsula,* núm. 161, pág. 1.
[5] *Nuestro teatro,* Madrid, 1923, pág. 28.

Sentimentalmente, el primer nombre que aparece en la vida del escritor es el de Sabina Conti y Bernascone, sobrina —y esposa más tarde— del literato italiano Juan Bautista Conti. A ella dedicó Moratín —según cuenta Silvela— «sus primeros ensayos en el género erótico y las primicias de su culto a Cupido y a las Musas»[6]. A este episodio, considerado tradicionalmente como mera anécdota curiosa, ha dedicado páginas muy sugestivas Joaquín de Entrambasaguas. Cree éste que el enamoramiento del futuro comediógrafo y los hechos que se sucedieron —es rechazado por la muchacha, que, en cambio, acepta casarse con su tío, Juan Bautista Conti, de mucha más edad que ella— tuvieron trascendencia mayor de la que hasta ahora se ha supuesto, y son los que, en definitiva, inspiran la trama de las comedias *El tutor* —perdida—, *El viejo y la niña* y *El sí de las niñas,* con esa obsesiva insistencia argumental que, en más de una ocasión, ha extrañado a los historiadores de la literatura[7].

El mismo Moratín hace referencia a otra amorosa alteración suya ocurrida durante su estancia en Inglaterra. Cuenta, en carta a su amigo Juan Antonio Melón: «¡Cómo bebo cerveza! ¡Cómo hablo inglés! ¡Qué carreras doy por Hay-Market y Covent Garden! Y, sobre todo, ¡cómo me ha herido el cieguezuelo rapaz con los ojos zarcos de una espliguera!»

Pero un solo nombre de mujer, el de Francisca Muñoz, aparece de manera continuada en la vida de Leandro Moratín, como idilio primero, como una amis-

[6] *Op. cit.,* págs. 7-8.
[7] Entrambasaguas, *El Madrid de Moratín,* Madrid, 1960, páginas 20-23.

tad leal que únicamente terminará con la muerte, después.

Es en mayo de 1798 cuando el escritor —que cuenta entonces treinta y ocho años— conoce a Francisca Gertrudis Muñoz y Ortiz, bastante más joven que él, lo cual no resulta obstáculo para el pronto comienzo de un idilio muchas de cuyas circunstancias detalla el escritor en su *Diario*. Así, el 27 de octubre de 1798 —hace, pues, poco que se tratan— Moratín se permite gastarle bromas; al año siguiente, el 6 de junio, lleva a Paquita —junto con la madre de ella— a un palco del teatro de la Cruz; treinta días después —las cosas van ya más de prisa— se permite darle —entre burlas y veras— un beso... Vienen más tarde regalos: un abanico, unos pendientes[8]...

Sin embargo, el idilio no va a más. ¿Indecisión acaso de Moratín? El tiempo pasa y, a fines de 1807, Paquita rompe sus relaciones con Leandro. Este, días después, conoce por su inseparable amigo Melón que hay otro pretendiente más afortunado que él. Moratín, al saberlo, llora como un chiquillo. («Paseo con Melón —anota en su *Diario*— en coche, donde me dio noticia de que se casaba Paquita. Lloramos: yo triste».)

No obstante, no se rompió la relación afectuosa y honesta entre los dos, y Moratín ayudó, moral y económicamente, repetidas veces, a Paquita después de su matrimonio. (La lectura del epistolario del escritor es verdaderamente ejemplar a este respecto como muestra de una leal, fidelísima amistad.)

Y cuando él abandona Madrid definitivamente, deja todos sus muebles y objetos a Paquita Muñoz. En 1828, a la muerte del escritor, su testamento lega a la Real Academia de Bellas Artes de San Fernando un retrato que le hizo Goya. Paquita, poseedora del mis-

---

[8] *Obr. póst.*, III, págs. 253-267.

mo, no lo entrega hasta que recibe promesa de que le entregarán una copia. Homenaje último a un afecto sin mudanza. Acaso era ella, podemos pensar, la que había estado en realidad enamorada y él quien no se decidió a abandonar su cómoda soltería. (A propósito de este problema de las relaciones entre Paquita Muñoz y Moratín, Fernando Lázaro escribe: «... estas relaciones, ..., pasan por ser la gran pasión defraudada de Moratín. Nos preguntamos si no serán la gran pasión frustrada de Paquita»)[9].

El viajero de Europa

El perfil viajero constituye un aspecto esencial en la personalidad de Leandro Fernández de Moratín. Por gusto primero, por necesidad de desterrado después, el escritor recorrió insistentemente los caminos de Europa: Francia inicialmente, en 1787, a donde fue como secretario del político Cabarrús. Más tarde, entre 1792 y 1796, un nuevo viaje, mucho más prolongado, durante el cual Moratín pasa de nuevo, rápidamente, por Francia, y conoce Inglaterra, Flandes, Alemania, Suiza e Italia. «Ahora es —ha comentado Julián Marías— cuando Moratín hace, a fondo, la experiencia de Europa. Se entiende, la primera experiencia a fondo; la segunda, más amarga, será la de la emigración, después de la guerra de la Independencia. Ahora, viajero pensionado, va a visitar y recorrer despaciosamente unos cuantos países europeos, viéndolo todo, residiendo meses en cada ciudad, conversando con los personajes famosos, sumergiéndose en la vida cotidiana, juzgando con humor, ironía, complacencia, admiración o desdén lo que encuentra en torno suyo.

---

[9] *Moratín en su teatro*, en «Cuadernos de la Cátedra Feijoo», Oviedo, 1961, pág. 30.

Es la ocasión en que Moratín llega a ser plenamente escritor: olvidado de las censuras, de los ojos suspicaces, de la mojigatería y la malevolencia, de las "tres unidades" y los preceptos —en una palabra, de lo que Ortega hubiera llamado "la magia del deber ser"—, moja la pluma en tantos tinteros y nos va dejando, a lo largo de los caminos de Europa, algunas de las páginas más vivaces, inteligentes, divertidas y bien escritas que podemos leer en castellano»[10]

Ocupaciones, cargos

El escritor trabajó, siendo todavía un muchacho, en la Joyería Real —al igual que su padre y que su tío Miguel—. Se sabe que mostraba especial habilidad para hacer los dibujos de las joyas, y en este oficio permaneció hasta su primer viaje al extranjero.

Vuelto a España, al poco tiempo consiguió del ministro Floridablanca un beneficio, aunque modesto, y se ordenó de primera tonsura. Más adelante, la mano poderosa de Godoy mejoró en mucho la situación económica del escritor: le otorga un beneficio en la iglesia de Montoro, del obispado de Córdoba, y una pensión sobre la mitra de Oviedo —aunque el obispo se negó a pagar esta última—; le consigue la licencia para las representaciones de *El viejo y la niña,* le concede una cuantiosa pensión —30.000 reales— para viajar por Europa... y al regreso a España del escritor, después del largo viaje, es nombrado secretario de la Interpretación de Lenguas y miembro de la Junta de Teatros. En esta última permaneció breve tiempo, por desavenencias con el general Cuesta, presidente de la misma, y cuando, más tarde, le ofrecieron la Dirección de

---

[10] *Los españoles,* Madrid, Revista de Occidente, 1963, páginas 92-93.

Teatros no aceptó. El bienestar, la comodidad que Moratín va consiguiendo se complementan con la compra de dos casas en Madrid y otra en Pastrana.

El afrancesado y la emigración

La guerra de la Independencia contra la invasión napoleónica va a quebrar esta trayectoria plácida y amable de la existencia moratiniana. El escritor —eterno prisionero de su «circunstancia»— acepta el cargo de bibliotecario mayor, o sea, director (1808-1812) de la Biblioteca Real, hoy Biblioteca Nacional; es nombrado «caballero del Pentágono», se convierte, en fin, en un «afrancesado», en —con palabra de hoy— un «colaboracionista». Esto determina que Moratín —tímido siempre, temeroso ahora— se expatríe voluntariamente. De Madrid marcha a Valencia y de esta ciudad a Barcelona. De aquí a Francia e Italia. Todavía volverá a España —a Barcelona— en 1820, cuando Fernando VII concede una amnistía para los emigrados; pero su estancia española es corta, y Moratín emprende de nuevo y definitivamente la ruta del voluntario destierro: Burdeos y París serán las ciudades donde resida en el final de sus días.

La soledad final

Cuando el escritor, cuya conducta se nos aparece hoy falta de impulso personal, dominada casi siempre por las circunstancias y carente de fuerza para imponerse al ambiente que la envuelve, emprende el camino del destierro comienza para él una patética, una impresionante soledad. Schack, el historiador alemán de nuestro teatro, afirmaba que, ante la creación dramática de Moratín sentía la misma sensación que ant un paisaje de invierno. («Cuando se pasa de repente de los dramas de la Edad de Oro a los de Moratín, se siente la misma pena que cuando nos trasladamos de improviso de un paisaje lozano, lleno de flores al calor de la primavera, a una región helada y fría en el rigor del invierno» [11].)

Terrible soledad de invierno es la que aparece también en los postreros días moratinianos.

El 18 de julio de 1814 escribe desde Barcelona: «Sólo pido un puerto seguro donde desarmar la nave y colgar el timón.»

Algunos meses después, en otra carta, aparece idéntica idea: «Quien sólo desea que le dejen vivir en paz, y sólo pide que nadie se acuerde de él...»

En 1822 escribe a Paquita desde Burdeos contándole su Nochebuena: «Me habla usted en su carta de la sopita de almendra, de las dos ensaladas cocidas, y la cajita de turrón que ustedes se engulleron en la Nochebuena. Si viera usted qué Nochebuena tan mala que tuve yo, estimaría en más el turrón y las ensaladitas. Toda la noche la pasé sin dormir, sentado, de pie, paseándome, volviéndome a sentar, a oscuras, temblando de miedo, esperando cuándo se caía la casa, y yo quedaba sepultado en sus ruinas. Los quince últimos días de diciembre ha habido un temporal tan deshecho, que, de más de treinta años a esta parte, no se ha visto otro que se le pueda comparar. Un huracán furioso, nubes, truenos, rayos, lluvias, granizo: parecía que toda la ciudad iba a hundirse» [12].

Un sentido de resignación alienta en palabras escritas a Paquita desde Burdeos —destierro definitivo ya— el 14 de agosto de 1824: «El día 10 de este mes se han cumplido doce años que salí en un carro, a merced de quien tuvo compasión de mí, abandonando mi

[11] *Historia de la literatura y del arte dramático en España,* Véase pág. 356.
[12] *Obr. póst.,* II. pág. 391.

casa y mis bienes, con seis duros en la faltriquera por único caudal, y me entregué a la disposición de la fortuna, que en cinco años consecutivos me hizo padecer trabajos horribles; y en verdad que no los merecí. Sin embargo, dos beneficios inapreciables he debido al favor de Dios: el primero, una salud constante, con la cual he podido resistir a tantas miserias y pesadumbres como he tenido; y el segundo, un genio naturalmente dócil y alegre, que me ha prestado resignación y consuelo en las mayores tribulaciones. Salí de ellas con vida y con mayor conocimiento del mundo que el que antes tenía; tomé la única resolución que podía convenirme; y al cabo de siete años que determiné no vivir en compañía de locos y pícaros, todavía no he tenido motivos de arrepentirme de mi resolución. Así vivo tranquilo, oscuro, estimado de los muy pocos que me conocen, gozando de aquella honesta libertad que sólo se adquiere en la moderación de los deseos. Ni aspiro a más ni espero recuperar lo que me han robado (que es imposible); perdono a los que me han ofendido, y toda mi ambición se reduce a poder continuar con lo poco que he podido salvar de tan deshecha tormenta, y acabar en paz el curso de mi vida, que ya es tiempo de que termine» [13].

En 1825 —todavía ha de vivir Moratín tres años— se expresa así: «...¿Placeres positivos? Se acabaron ya para mí. Así voy pasando lo poco que me queda de esta triste vida; y en cuanto a la inmortalidad de la gloria póstuma, usted y yo y el cardenal Mazarino, Cervantes y Voltaire, Mariblanca y el caballo de bronce, todos disfrutaremos por partes iguales de aquella dulce satisfacción que empieza cuando acabamos de existir» [14].

Desde Burdeos marcha a París. La amistad de Sil-

[13] *Obr. póst.*, III, págs. 16-17.
[14] *Obr. póst.*, III, pág. 61.

vela —amigo ejemplar— endulza los días finales de la existencia del escritor. Y, por fin, el 21 de junio de 1828, la muerte. Moratín es enterrado en el cementerio del Père La Chaise, entre las tumbas de Molière y La Fontaine. Allí yace hasta 1857, en que, gracias a una sugerencia de Ventura de la Vega, es trasladado a tierra española, en unión de los restos de Meléndez y de Donoso Cortés, para el descanso ya definitivo.

La obra

El poeta

Los primeros escritos de Leandro Fernández de Moratín pertenecen al género de la poesía lírica. (Recuérdese el texto de Silvela, citado anteriormente, según el cual Moratín dirigió las «primicias de su culto a Cupido y a las Musas» a Sabina Conti.)

A los diecinueve años concurre a un certamen poético de la Real Academia Española con el seudónimo de «Efrén de Lardnaz y Morante». El premio es para José María Vaca de Guzmán, pero Moratín obtiene un segundo premio o accésit con su romance heroico *La toma de Granada.* Tres años más tarde —1782— acude a otro certamen académico, esta vez con el seudónimo de «Melitón Fernández», y vuelve a recibir un accésit, por su *Lección poética* (*sátira contra los vicios introducidos en la poesía castellana*). (El premio lo consiguió Forner.)

Al caracterizar la lírica moratiniana —Epístolas, Odas, Sonetos...—, se recuerda con insistencia el nombre de Horacio, a quien, además, tradujo con singular acierto. Efectivamente, un sentido clasicista —si no clásico— informa la creación poética del escritor. Y la perfección del verso —en especial del verso blanco—, la armonía, la elegancia, la pureza de lenguaje, son rasgos característicos de sus poemas. Estos han sido tachados de frialdad y, sin embargo, un hondo sentimiento, matizado en ocasiones de melancolía, alienta en composiciones del escritor (recuérdese, por ejemplo, su célebre *Elegía a las musas*).

El autor teatral

La verdadera vocación de Moratín estaba en el arte dramático. Él mismo escribió en cierta ocasión: «Sin chocolate y sin teatro soy hombre muerto.» Y en el teatro se hallan los mejores títulos del escritor para la fama póstuma. Su obra es breve, pero representa lo mejor del género en España en el siglo XVIII. Está integrada por las comedias *El viejo y la niña* (1790), *La comedia nueva o el café* (1792), *El barón* (1803), *La mojigata* (1804) y *El sí de las niñas* (1806). (Las fechas indicadas son las de estreno de las obras.) La segunda y la última están escritas en prosa, y las tres restantes, en verso. Se tiene noticia, además, de otra comedia, *El tutor*, pero se cree fue destruida por su autor ante el adverso juicio crítico del padre Arteaga. Se ha supuesto que la obra constituía, en su argumento, un primer esbozo de *El sí de las niñas*.

La comedia nueva o el café —lo mejor y más representativo, en unión de *El sí...*, del teatro moratiniano— es una sátira literaria contra el amaneramiento y excesos a que había llegado en su tiempo el teatro de ascendencia e índole barrocas.

En las demás comedias aparece, con una insistencia casi obsesiva, el tema de la libertad de elección en el matrimonio, unido al de la conveniencia de la semejanza de edad entre los esposos.

Se trata, pues, de un teatro escrito bajo un signo neoclásico, con un riguroso ajuste a las denominadas «tres unidades» y con un notorio afán didáctico, de enseñanza. (Véase, más adelante, el concepto que Moratín expone acerca de lo que debe ser la comedia.)

A la hora de buscar una filiación y unos modelos

23

para el arte dramático moratiniano, se ha pensado en los nombres de Terencio y de Ruiz de Alarcón y, mucho más próximos, de Molière y de Goldoni.

Además de estas obras originales, Moratín tradujo dos comedias de Molière, *L'école des maris* (1812) y *Le medecin malgré lui* (1814) —*El médico a palos* en la versión moratiniana— y *Hamlet*, de Shakespeare.

La traducción de Hamlet

Posee una especial y sugestiva significación histórica el que Leandro Fernández de Moratín, a pesar de su formación y de sus convicciones clasicistas, se sintiera atraído por el genio del dramaturgo inglés, y ello revela, una vez más, la agudeza crítica del espíritu moratiniano. Aunque, como es lógico, si se tiene en cuenta el factor de época, Moratín, a la hora de enjuiciar la creación shakesperiana, tampoco muestra una adhesión incondicional, sino que señala una serie de aspectos para él reprobables: «La presente tragedia es una de las mejores de Guillermo Shakespeare y la que con más frecuencia y aplauso público se representa en los teatros de Inglaterra. Las bellezas admirables que en ella se advierten y los defectos que manchan y oscurecen sus perfecciones, forman un todo extraordinario y monstruoso...»

En cualquier caso, esta traducción del «Hamlet» tiene el mérito indiscutible de ser la primera ocasión en que Shakespeare aparece en nuestra lengua «él mismo», no trasladado a los moldes neoclásicos, como había hecho Ducis en su incomprensiva versión al francés y había repetido Ramón de la Cruz en la suya, no directa sino inspirada en la del citado Ducis.

El prosista

Además de las comedias indicadas anteriormente, Moratín escribió en prosa *La derrota de los pedantes* (1789), de carácter satírico, sobre una ficción análoga a la de la *República literaria,* de Saavedra Fajardo, y a la de las *Exequias de la lengua castellana,* de Forner; los *Orígenes del teatro español,* obra de erudición que muestra el profundo conocimiento que poseía Moratín acerca de la evolución del arte dramático en España; las notas a la traducción de *Hamlet*...

Ya póstumos —1867— aparecieron diversos escritos de hondo interés: *Apuntaciones sueltas de Inglaterra, Viaje de Italia,* una serie de *Apuntaciones sobre varias obras dramáticas* y de prólogos, un extracto de su curiosísimo *Diario,* un fragmento de su *Vida,* gran cantidad de cartas...

Debe destacarse el valor del lenguaje moratiniano, no sólo en su «admirable prosa dramática, que no se había vuelto a escribir desde *La Celestina,* de Rojas, y *La Dorotea,* de Lope», como afirma Menéndez Pidal [15], sino en estas otras obras que hemos enumerado, en las que Moratín se revela como un gran retratista de costumbres —así, en su *Viaje de Italia*—. Y en cuanto a sus cartas, constituyen, a juicio de Benito Pérez Galdós, «el modelo más acabado de literatura epistolar que haya quizá en nuestra lengua» [16].

Entre dos siglos

El nombre de Leandro Fernández de Moratín puede ser colocado junto al de varios escritores más que,

---

[15] *Antología de prosistas españoles,* 1932, pág. 349.
[16] *Op. cit.,* pág. 30.

en la segunda mitad del siglo XVIII, marcan la transición entre el neoclasicismo y el romanticismo, a través de una prolongada sucesión de notas prerrománticas. Serie de escritores de la que forman parte Cadalso, nacido en 1741; Jovellanos, nacido en 1744; Meléndez Valdés, en 1754...

Si las insinuaciones románticas —en la vida y en la obra— de estos autores son, en general, bien conocidas, han sido menos destacados los análogos caracteres prerrománticos que, indudablemente, existen también en los escritos moratinianos.

Pueden apreciarse esos caracteres, por ejemplo, en algunos de sus versos. Obsérvese, a este respecto, el léxico y el sentido de los versos siguientes, de la oda dedicada a la muerte de José Antonio Conde:

> «¡*Te vas, mi dulce amigo,*
> *la luz huyendo al día!*
> *¡Te vas, y no conmigo!*
> *¡Y de la tumba fría*
> *en el estrecho límite,*
> *mudo tu cuerpo está!*
> *Y a mí, que débil siento*
> *el peso de los años,*
> *y al cielo me lamento*
> *de ingratitud y engaños,*
> *para llorarte, ¡mísero!*
> *Largo vivir me da.*
> ....
> *La parca inexorable*
> *te arrebató a la tumba.*
> *En eco lamentable*
> *la bóveda retumba,*
> *y allá en su centro lóbrego*
> *sonó ronco gemir.*
> ....»*

De acusada factura romántica es, también, la descripción que el escritor hace de la fuente de Valclusa, vista por él en uno de sus viajes: «He ido a ver la fuente de Valclusa, que ha hecho tan famosa en el mundo el amante de Laura. Un valle delicioso, rodeado en semicírculo por una cadena de montes; un risco muy alto, desnudo, hórrido, con una gran caverna en la parte inferior, de donde nace el Sorga, torrente de aguas que se precipita entre peñascos enormes, que las lluvias y los vientos han desprendido de aquellas cumbres. Ya navegable a corta distancia de su nacimiento, tuerce su curso por unas pequeñas vegas, en donde la verdura eterna que las cubre, la fragancia y frescura de plantas y flores, el canto de las aves, el viento que espira suavemente entre las hojas de los árboles, la tremenda soledad del bosque, y el rumor incesante de las aguas, que asorda el valle y retumba en la concavidad del monte, todo inspira una melancolía deliciosa, que se siente y no se puede explicar» [17].

Es evidente el romanticismo de este texto: en su léxico, en la adjetivación, en la referencia al sentimiento que despierta el paisaje, en la proyección espiritual de éste... Y, ¿no hay acaso en la referencia a esa «melancolía deliciosa *que se siente y no se puede explicar*», un eco de la doctrina feijoniana del «no sé qué», que Menéndez Pelayo consideró como «un verdadero manifiesto romántico»? [18].

Y hondamente significativo es, sin duda, el que Moratín se decidiera a trasladar a nuestra lengua *Hamlet,* uno de los más representativos dramas shakesperianos, aun sin olvidar los reparos que nuestro comediógrafo oponía a la obra del autor inglés.

Y la mejor creación moratiniana, su comedia *El sí de las niñas,* puede considerarse —según afirmó «Azorín»— como «nuestra primera obra romántica».

---

[17] *Obr. póst.,* II, pág. 91.
[18] *Historia de las Ideas Estéticas,* V, 1903, pág. 14.

El sí de las niñas

Estreno de la obra

Cuando Moratín estrena, el 24 de enero de 1806, en el Teatro de la Cruz, de Madrid, *El sí de las niñas,* el éxito de la obra es enorme; el mayor alcanzado hasta ese momento por el escritor. Duran las representaciones hasta la llegada de la Cuaresma, en la que, como es costumbre entonces, se cierran los teatros.

Aunque la comedia se estrene en esa fecha, estaba escrita con bastante anterioridad: en 1801 exactamente su autor había hecho ya una lectura de la misma ante un grupo de amigos.

¿Autobiografismo?

Estas precisiones cronológicas son de especial interés porque el argumento desarrollado en la obra hace pensar, con facilidad, en la vida de su autor, y, de modo concreto, en sus relaciones con Paquita Muñoz. De aquí que se pueda haber insistido en el valor autobiográfico de la comedia. Así, Pérez Galdós escribió: «No es todo invención en esta comedia; él mismo fue su Don Diego, y aquel acto de renunciar a su novia, sacrificando un amor tardío en el altar de la juventud, fue suceso auténtico en la vida de Don Leandro..., y suceso de tal trascendencia, que quizá arranca de él la amargura y desabrimiento del poeta en el último tercio de su vida» [19]. Y, anteriormente, Patricio de la Escosura [20] había lanzado ya la suposición de que *El sí de las niñas* era reflejo de las relaciones sentimentales entre Paquita Muñoz y Moratín. Sin embargo, estas opiniones —que han sido mantenidas posteriormente con frecuencia— no pueden ser admitidas, de manera íntegra al menos, ya que la comedia la compuso Moratín antes de que su sugerido idilio con Paquita Muñoz alcanzara el desenlace.

¿Fueron entonces, como cree el profesor Entrambasaguas, los amores con Sabina Conti los inspiradores reales de *El sí de las niñas?* Las coincidencias son claras. Pero, más fácilmente y antes que estos factores humanos, deben tenerse en cuenta las numerosas fuentes literarias, temáticas, que el comediógrafo, sin duda, conoció y tuvo en cuenta, desde *Entre bobos anda el juego,* de Rojas Zorrilla, hasta una comedia de Marivaux, *L'école des mères,* junto a diversas reminiscencias sueltas de otras obras.

Neoclasicismo

La comedia, externamente, se ajusta a la más rigurosa ortodoxia neoclásica. Las tres unidades son respetadas de manera estricta: un solo lugar para el desarrollo de la acción, la cual, según Moratín se cuida de advertir, «empieza a las siete de la tarde y acaba a las cinco de la mañana siguiente».

Y el sentido docente, el afán didáctico. No en balde el escritor, al dar su concepto de comedia, la había considerado como «imitación en diálogo (escrito en prosa o verso) de un suceso ocurrido en un lugar y en pocas horas entre personas particulares por me-

[19] *Op. cit.,* pág. 28.
[20] *Moratín en su vida íntima,* en «La Ilustración Española y Americana», 1877, XXI.

dio del cual y de la oportuna expresión de afectos y caracteres, resultan puestos en ridículo los vicios y errores comunes en la sociedad, y recomendadas por consiguiente la verdad y la virtud» [21].

Y con tan absoluta fidelidad a las doctrinas literarias que profesaba, Moratín alcanza en *El sí de las niñas* el mejor acierto de la estética neoclásica, con una perfección que justifica el que, hasta nuestros días, el juicio de críticos e historiadores haya considerado esta comedia como la culminación, junto con *La comedia nueva o el café,* del arte dramático del escritor.

Crítica social

Un factor sobremanera importante en *El sí de las niñas* es la crítica social. Un afán de reforma alienta en toda la obra y aparece expreso de modo concreto en unas palabras de Don Diego, en el acto tercero, que vienen a resumir la enseñanza de la comedia:

«Ve aquí los frutos de la educación. Esto es lo que se llama criar bien a una niña: enseñarla a que desmienta y oculte las pasiones más inocentes con una pérfida disimulación. Las juzgan honestas luego que las ven instruidas en el arte de callar y mentir. Se obstinan en que el temperamento, la edad ni el genio no han de tener influencia alguna en sus inclinaciones, o en que su voluntad ha de torcerse al capricho de quien las gobierna. Todo se las permite, menos la sinceridad. Con tal que no digan lo que sienten, con tal que finjan aborrecer lo que más desean, con tal que se presten a pronunciar cuando se lo manden un sí, perjuro, sacrílego, origen de tantos escándalos, ya están bien criadas, y se llama excelente educación la

---

[21] En *Biblioteca de Autores Españoles,* II, pág. 320.

30

que inspira en ellas el temor, la astucia y el silencio de un esclavo.»

Moratín censura la educación de las mujeres de su tiempo y la opresión y abuso de autoridad a que ellas se ven sometidas, y defiende su libertad. Teatro éste, pues, de signo social, circunscrito por consiguiente a una época determinada, y referido, en el caso de esta comedia, a un problema que hace recordar el nombre de Ibsen, otro preocupado por la independencia de la mujer. Quizá parezca exagerado considerar a Leandro Fernández de Moratín como un pre-ibseniano, pero ello, con todas las distinciones propias del caso, no carece de sentido.

Si el teatro *social* —a diferencia del teatro *moral*— nace determinado por su circunstancia histórica, este hecho lo liga a su tiempo y le hace envejecer de manera progresiva, teniendo que ser comprendido y valorado —como ocurre en *El sí...*— a la luz y en función del ambiente de su época. Giuseppe Carlo Rossi ha afirmado que «*El sí de las niñas* es la comedia más comprometida con los problemas sociales, y la de realización más feliz en cuanto al tratamiento de los mismos en el plano literario y teatral. Es la comedia cuyos personajes masculinos son más dignos de elogio: no es fácil decir cuál de los dos lo sea más, si el tío o el sobrino; cada uno, en el vaivén de los respectivos estados de ánimo a lo largo de la acción, se mueve empujado por un impulso de bondad y buena fe a toda prueba. Es la comedia en que es más categórica y evidente la condena de los métodos educativos de la época, condena expresada en primer lugar mediante la presentación completamente negativa de la figura de doña Irene, en la que la ironía y el sarcasmo moratinianos alcanzan una gran carga de censura» [22].

[22] *Leandro Fernández de Moratín. Introducción a su vida y obra, Madrid,* Ediciones Cátedra, 1974, págs. 113-114.

Un juicio de Larra

En 1834, es decir, en fecha que coincide con el «climax» romántico, uno de los críticos más inteligentes de la literatura española, Mariano José de Larra, asiste a una representación de *El sí de las niñas* y escribe seguidamente un comentario sobre la misma que aparece en la «Revista Española», el día 9 de febrero, y que conserva, aún hoy, señalado interés. A él pertenecen estas palabras: «*El sí de las niñas* ha sido oído con aplauso, con indecible entusiasmo, y no sólo el bello sexo ha llorado, como dice un periódico, que se avergüenza de sentir; nosotros los hombres hemos llorado también, y hemos reverdecido con nuestras lágrimas los laureles de Moratín, que habían querido secar y marchitar la ignorancia y la opresión»[23].

¿Qué poseía —podemos preguntarnos —la creación moratiniana para hacer brotar así las lágrimas románticas?

El triunfo del sentimiento

Ortega ha dicho, agudamente, del romanticismo, que éste, «germinado en las postrimerías del siglo XVIII, significa en la historia el triunfo del sentimiento»[24].

Y ésta es, precisamente, la gran sorpresa, la gran paradoja de *El sí de las niñas*: que esta obra, máximo logro de la estética neoclásica, es ya —al presentar el triunfo del sentimiento— una creación romántica, «nuestra primera obra romántica», tal como afirmó

[23] En *Artículos de crítica literaria y artística,* «Clásicos Castellanos», II, 1923, págs. 133-134.
[24] *Para un Museo romántico,* en *El Espectador,* VI, pág. 85.

«Azorín» en un breve artículo lleno de sugestiones [25]. El mismo «Azorín» había escrito, en 1916, estas otras palabras: «Moratín hizo comedias clásicas, aliñadas y simétricas; en ellas había un fondo de realismo, de neto y castizo realismo, que ya era mucho de la futura sustancia romántica» [26]. La misma idea ha sido formulada o insinuada, de modo más o menos tajante, por los profesores Valbuena Prat («La obra perfecta que anuncia el sentimentalismo romántico») [27]; Díaz-Plaja («Caracteriza esta obra... y el triunfo del sentimiento sobre la autoridad. En este sentido diríamos que *El sí de las niñas* es una obra prerromántica») [28]; Saura («*El sí de las niñas* nos interesa... porque en el alegato de Moratín en favor de la libertad personal, en el alerta al autoritarismo y en el reconocimiento de los derechos del amor y de la juventud puede verse una nota de prerromanticismo...») [29], y Entrambasaguas [30].

Sin embargo, no hay unanimidad absoluta a este respecto. Luis Felipe Vivanco, por ejemplo, precisa: «¿Hasta qué punto los viajes europeos han ampliado los horizontes estéticos de Moratín, acercándole al romanticismo? En *El sí de las niñas* se nota, sobre todo, un cambio de sensibilidad para el detalle, no de planteamiento imaginativo en la acción. Azorín, sin embargo, considera al *Sí* como nuestra primera obra romántica. Pero ni la situación ni los personajes son románticos; su forma impecable tampoco. El *Sí* no tiene los defectos ni la desmesura del romanticismo. Carece por completo de folletín y de pintoresquismo. El acento romántico del *Sí* es algo impalpable y muy azori-

[25] *El sí de las niñas,* en «A B C», 11 febrero 1957.
[26] *Rivas y Larra,* pág. 11.
[27] *Historia del teatro español,* 1956, pág. 470.
[28] *Historia de la literatura española,* 1943, pág. 269.
[29] Prólogo a *Teatro de Moratín,* 1952, págs. 37-38.
[30] *Op. cit.,* págs. 23-24.

niano: una flor en un vaso de agua, y por eso a Azorín le gustaba tanto. *La Comedia nueva* era todavía obra ilustrada y final; *El sí de las niñas* es un comienzo. Su balbuceo de algo que empieza y no hace más que empezar es lo que le da todo su encanto»[31]. Y así también, Joaquín Casalduero considera que en *El sí de las niñas* lo que triunfa es la razón, en cuanto que Don Diego da la solución más «racional» al conflicto planteado en la comedia: «En este mundo ordenado, claro y preciso florece un sentimiento natural, el cual se hace lacrimoso en el segundo acto y patético en el tercero, para conducirnos a un desenlace feliz que la razón humana crea»[32].

No obstante, quizá quepa aún matizar este último aserto. Porque si en *El sí de las niñas* triunfa una razón es la del sentimiento, las razones del corazón. Y esto no sólo en la idea general que queda flotando, triunfante, al concluir la comedia, sino en determinados pasajes concretos. Uno de ellos es ejemplar a este respecto: la escena décima del acto tercero, cuando Don Diego —decidido ya, aunque todavía no lo haya manifestado, a renunciar a su proyectado matrimonio— quiere comprobar definitivamente si el amor de su sobrino, don Carlos, por Paquita es tan auténtico como afirma. Dice entonces Don Diego:

«Si tú la quieres, yo la quiero también. Su madre y toda su familia aplauden este casamiento. Ella... y sean las que fueren las promesas que a ti te hizo... ella misma, no ha media hora, me ha dicho que está pronta a obedecer a su madre y darme la mano...»

Ante estas palabras —indica la acotación marginal del texto—, levántase Don Carlos, mas quien se ha puesto en pie, podría añadirse, es, ya, el Romanticismo.

---

[31] *Moratín y la ilustración mágica*, Madrid, 1972, pág. 168.
[32] «Forma y sentido de *El sí de las niñas*», en *NRFH*, XI, págs. 38-39.

«Pero no el corazón», exclama Don Carlos, y las palabras suyas que brotan seguidamente no sonarían extrañas en la más cálida temperatura romántica:

«No, eso no... Sería ofenderla... Usted celebrará sus bodas cuando guste; ella se portará siempre como conviene a su honestidad y a su virtud; pero yo he sido el primero, el único objeto de su cariño, lo soy y lo seré... Usted se llamará su marido; pero si alguna o muchas veces la sorprende, y ve sus ojos hermosos inundados en lágrimas, por mí las vierte... No la pregunte usted jamás el motivo de sus melancolías... Yo, yo seré la causa... Los suspiros que en vano procurará reprimir serán finezas dirigidas a un amigo ausente.»

¿Será exagerado sostener, después de recordadas estas palabras, que el Romanticismo está ya cerca?

Vida y literatura

Y en este momento —punto culminante de la comedia—, ésta ofrece distintos rumbos, diversas posibilidades. Y Moratín elige la generosidad. Señalábamos antes las sugerencias biográficas de la comedia. Quizá Don Diego refleje al propio Moratín, no sólo por el recuerdo de unos hechos acontecidos sino, lo que más importa, de una actitud vital y de conducta. Acaso acontece lo mismo con determinados perfiles de Don Carlos. (No tiene por qué sorprender este desdoblamiento del espíritu del autor en dos personajes diferentes.) Y el escritor, incapaz, en su real peripecia biográfica, de extremas decisiones, de grandezas, aunque ello le traiga al final de sus días su larga, fría soledad, quiere ahora, ya que en la vida vivida no lo logró, que en la vida soñada de la literatura sus personajes sean felices. Hacer felices a los demás es, también, una manera de serlo uno mismo. Y Don Diego

—Moratín— alcanza la grandeza de la renuncia y de la generosidad. Esta es la gran lección de la comedia. Una lección, no ya neoclásica, sino de todo tiempo. La obra, que comienza planteando un problema social, el problema de la educación de las jóvenes, alcanza a su fin una dimensión moral de permanente eficacia didáctica.

Cabe, pues, considerar que si esta comedia alcanza un puesto de excepción, por sus valores, en la historia de nuestro teatro, sus rasgos románticos le confieren, además, un especial significado en la evolución de la literatura española.

Bibliografía

A) EDICIONES

El sí de las niñas. Madrid, en la imprenta de Villalpando, 1805.

Obras dramáticas y líricas, París, 1825.

Obras... «Biblioteca de Autores Españoles», vol. II.

Comedias de... El viejo y la niña.—La comedia nueva o el café.—El barón.—La mojigata.—El sí de las niñas. París, Baudry, 1866.

Obras póstumas de... 3 vols., Madrid, 1867-1868.

Teatro (contiene *La comedia nueva* y *El sí de las niñas*), ed., prólogo y notas de F. Ruiz Morcuende, en «Clásicos Castellanos», Madrid, 1924. Sobre esta edición, que tuvo en cuenta las correcciones de Moratín en un ejemplar de la edición de 1825, se basa la nuestra, confrontada asimismo con la edición de 1805, cuyas variantes incluimos en el texto entre corchetes.

El sí de las niñas. Selección, estudio y notas de J. M. Alda Tesán, en «Clásicos Ebro», Zaragoza, 1952.

Teatro (contiene *La comedia nueva o el café, El barón, El sí de las niñas, La escuela de los maridos, El médico a palos*), edición, prólogo y notas de Joaquín Saura Falomir, en «Clásicos Castilla», Madrid, 1952.

La comedia nueva. El sí de las niñas. Ediciones, introducciones y notas de John Dowling y René Andioc. «Clásicos Castalia», Madrid, 1969.

Teatro completo, I. *El viejo y la niña. El sí de las niñas.* Edición, prólogo y notas de Fernando Lázaro Carreter. Textos hispánicos modernos, Barcelona, 1970.

Diario. (Mayo 1780-marzo 1808.) Edición anotada por René y Mireille Andioc. Madrid, Castalia, 1967.

B) Estudios

«Azorín»: *Rivas y Larra.* Madrid, Renacimiento, 1916.

— *El sí de las niñas,* en «A B C», 11 febrero 1957.

Casalduero, Joaquín: «Forma y sentido de *El sí de las niñas*», en *Nueva Revista de Filología Hispánica,* 1957, XI.

Díaz-Plaja, Guillermo: *En torno a Moratín,* en *Soliloquio y Coloquio.* Madrid, Gredos, 1968.

Entrambasaguas, Joaquín de: «El lopismo de Moratín», en *Revista de Filología Española,* 1941.

— *El Madrid de Moratín.* Madrid, Instituto de Estudios Madrileños, 1960.

Escosura, Patricio de la: «Moratín en su vida íntima», en *La Ilustración Española y Americana,* 1877, XXI.

Ferreres, Rafael: «Moratín en Valencia». *Revista Valenciana de Filología,* 1959-1962, t. VI.

Gatti, J. F.: «Moratín y Marivaux», en *Revista de Filología Hispánica,* 1941, III.

Larra, Mariano José de: *Artículos de crítica literaria y artística.* Madrid, «Clásicos Castellanos», II, 1923.

Lázaro, Fernando: *Moratín en su teatro.* «Cuadernos de la Cátedra Feijoo», Oviedo, 1961.

Marías, Julián: *Los españoles.* Madrid, Revista de Occidente, 1963 (2.ª ed.).

Melón, Juan Antonio: *Desordenadas y mal digeridas*

apuntaciones (en *Obras póstumas de D. Leandro Fernández de Moratín,* vol. III, Madrid, 1868).

MENÉNDEZ PELAYO, Marcelino: *Historia de las Ideas Estéticas en España,* vol. V, Madrid, 1903.

MONTERO PADILLA, José: «Moratín y su magisterio», en *Boletín de la Biblioteca de Menéndez Pelayo,* 1962, XXXVIII.

— «Rectificación de un error: Leandro Fernández de Moratín no estudió en Calatayud», en *Jalón* (Revista del Instituto Nacional de Enseñanza Media de Calatayud), núm. 6, 1962.

— «Leandro Fernández de Moratín: La vida del hombre y una comedia», en *Boletín de la Biblioteca de Menéndez Pelayo,* 1963, XXXIX.

PÉREZ GALDOS, Benito: *Nuestro Teatro,* en *Obras inéditas,* volumen V, Renacimiento, Madrid, 1923.

ROSSI, Giuseppe Carlo: *Leandro Fernández de Moratín. Introducción a su vida y obra.* Madrid, Ediciones Cátedra, 1974.

SILVELA, Manuel: *Vida de Don Leandro Fernández de Moratín,* en *Obras póstumas de D. Leandro Fernández de Moratín,* volumen I, Madrid, 1867.

VALBUENA PRAT, Angel: *Historia del teatro español.* Barcelona, Noguer, 1956.

VEZINET, F.: *Molière, Florian et la littérature espagnole.* París, 1909.

VILLEGAS MORALES, Juan: *El sí de las niñas de Leandro Fernández de Moratín,* en *Ensayos de interpretación de textos españoles.* Santiago de Chile, editorial Universitaria, 1963.

VIVANCO, Luis Felipe: *Moratín y la ilustración mágica.* Madrid, Taurus, 1972.

Revista «Ínsula», núm. 161, dedicado a Moratín, abril 1960.

Revista de la Universidad de Madrid, IX, dedicado a Moratín, 1960.

El sí de las niñas

PERSONAS

Don Diego.	Rita.
Don Carlos.	Simón.
Doña Irene.	Calamocha.
Doña Francisca.	

La escena es en una posada de Alcalá de Henares.—
El teatro representa una sala de paso con cuatro puer-
tas de habitaciones para huéspedes, numeradas todas.
Una más grande en el foro, con escalera que conduce
al piso bajo de la casa. Ventana de antepecho a un
lado. Una mesa en medio, un banco, sillas, etcétera.--
La acción empieza a las siete de la tarde y acaba a
las cinco de la mañana siguiente.

Estas son las seguridades que dan
los padres y los tutores, y esto lo
que se debe fiar en el sí de las niñas. (*Acto III. Escena XIII.*)

Acotaciones

ACTO PRIMERO

Escena primera

Don Diego, Simón

(*Sale* Don Diego *de su cuarto.* Simón, *que está sentado en una silla, se levanta*)

Don Diego

¿No han venido todavía?

Simón

No, señor.

Don Diego

Despacio la han tomado, por cierto.

Simón

Como su tía la quiere tanto, según parece, y no la ha visto desde que la llevaron a Guadalajara...

Don Diego

Sí. Yo no digo que no la viese'; pero con media hora de visita y cuatro lágrimas, estaba concluido.

Simón

Ello también ha sido extraña determinación la de estarse usted dos días enteros sin salir de la posada. Cansa el leer, cansa el dormir... Y, sobre todo, cansa la mugre del cuarto, las sillas desvencijadas, las estampas del *hijo pródigo,* el ruido de campanillas

44

y cascabeles, y la conversación ronca de carromateros y patanes, que no permiten un instante de quietud.

DON DIEGO

Ha sido conveniente el hacerlo así. Aquí me conocen todos [el Corregidor, el señor Abad, el Visitador, el Rector de Málaga... ¡Qué sé yo! Todos... Y ha sido preciso estarme quieto y no exponerme a que me hallasen por ahí.]

SIMÓN

Yo no alcanzo la causa de tanto retiro. Pues ¿hay más en esto que haber acompañado usted a doña Irene hasta Guadalajara, para sacar del convento a la niña y volvernos con ellas a Madrid?

DON DIEGO

Sí, hombre, algo más hay de lo que has visto.

SIMÓN

Adelante.

DON DIEGO

Algo, algo... Ello tú al cabo lo has de saber, y no puede tardarse mucho... Mira, Simón, por Dios, te encargo que no lo digas... Tú eres hombre de bien, y me has servido muchos años con fidelidad... Ya ves que hemos sacado a esa niña del convento y nos la llevamos a Madrid.

SIMÓN

Sí, señor.

DON DIEGO

Pues bien... Pero te vuelvo a encargar que a nadie lo descubras.

Simón

Bien está, señor. Jamás he gustado de chismes.

Don Diego

Ya lo sé, por eso quiero fiarme de ti. Yo, la verdad, nunca había visto a la tal doña Paquita; pero mediante la amistad con su madre he tenido frecuentes noticias de ella; he leído muchas de las cartas que escribía; he visto algunas de su tía la monja, con quien ha vivido en Guadalajara; en suma, he tenido cuantos informes pudiera desear acerca de sus inclinaciones y su conducta. Ya he logrado verla; he procurado observarla en estos pocos días, y, a decir verdad, cuantos elogios hicieron de ella me parecen escasos.

Simón

Sí, por cierto... es muy linda y...

Don Diego

Es muy linda, muy graciosa, muy humilde... Y sobre todo ¡aquel candor, aquella inocencia...! Vamos, es de lo que no se encuentra por ahí... Y talento... Sí señor, mucho talento... Con que, para acabar de informarte, lo que yo he pensado es...

Simón

No hay que decírmelo.

Don Diego

¿No? ¿Por qué?

Simón

Porque ya lo adivino. Y me parece excelente idea.

Don Diego

¿Qué dices?

SIMÓN

Excelente.

DON DIEGO

¿Con que al instante has conocido...?

SIMÓN

¿Pues no es claro...? ¡Vaya...! Dígole a usted que me parece muy buena boda. Buena, buena.

DON DIEGO

Sí, señor... Yo lo he mirado bien, y lo tengo por cosa muy acertada.

SIMÓN

Seguro que sí.

DON DIEGO

Pero quiero absolutamente que no se sepa hasta que esté hecho.

SIMÓN

Y en eso hace usted bien.

DON DIEGO

Porque no todos ven las cosas de una manera, y no faltaría quien murmurase y dijese que era una locura, y me...

SIMÓN

¿Locura? ¡Buena locura!... ¿Con una chica como ésa, eh?

DON DIEGO

Pues ya ves tú. Ella es una pobre... Eso sí. [Porque, aquí entre los dos, la buena de doña Irene se ha dado tal prisa a gastar desde que murió su marido que, si no fuera por estas benditas religiosas y el canónigo de Castrojeriz, que es también su cuñado, no tendría para poner un puchero a la lumbre... Y muy vanidosa y muy remilgada, y hablando siempre de su parentela y de sus difuntos, y sacando unos cuentos allá que... Pero esto no es del caso...] Yo no he buscado dinero, que dineros tengo; he buscado modestia, recogimiento, virtud.

SIMÓN

Eso es lo principal... Y, sobre todo, lo que usted tiene ¿para quién ha de ser?

DON DIEGO

Dices bien... ¿Y sabes tú lo que es una mujer aprovechada, hacendosa, que sepa cuidar de la casa, economizar, estar en todo...? Siempre lidiando con amas, que si una es mala, otra es peor: regalonas, entremetidas, habladoras, llenas de histérico, viejas, feas como demonios... No señor: vida nueva. Tendré quien me asista con amor y fidelidad, y viviremos como unos santos... Y deja que hablen y murmuren, y...

SIMÓN

Pero, siendo a gusto de entrambos, ¿qué pueden decir?

DON DIEGO

No, yo ya sé lo que dirán; pero... Dirán que la boda es desigual, que no hay proporción en la edad, que...

SIMÓN

Vamos, que no me parece tan notable la diferencia. Siete u ocho años, a lo más.

DON DIEGO

¿Qué, hombre? ¿Qué hablas de siete u ocho

años? Si ella ha cumplido diez y seis años pocos meses ha.

SIMÓN

Y bien, ¿qué?

DON DIEGO

Y yo, aunque gracias a Dios estoy robusto y...
Con todo eso, mis cincuenta y nueve años no hay
quien me los quite.

SIMÓN

Pero si yo no hablo de eso.

DON DIEGO

Pues ¿de qué hablas?

SIMÓN

Decía que... Vamos, o usted no acaba de explicarse, o yo lo entiendo al revés... En suma, esta doña
Paquita ¿con quién se casa?

DON DIEGO

¿Ahora estamos ahí? Conmigo.

SIMÓN

¿Con usted?

DON DIEGO

Conmigo.

SIMÓN

¡Medrados quedamos!

DON DIEGO

¿Qué dices...? Vamos, ¿qué?

SIMÓN

¡Y pensaba yo haber adivinado!

DON DIEGO

Pues ¿qué creías? ¿Para quién juzgaste que la destinaba yo?

SIMÓN

Para don Carlos, su sobrino de usted, mozo de talento, instruido, excelente soldado, amabilísimo por todas sus circunstancias... Para ése juzgué que se guardaba la tal niña.

DON DIEGO

Pues no señor.

SIMÓN

Pues bien está.

DON DIEGO

¡Mire usted qué idea! ¡Con el otro la había de ir a casar!... No señor, que estudie sus matemáticas.

SIMÓN

Ya las estudia, o por mejor decir, ya las enseña.

DON DIEGO

Que se haga hombre de valor y...

SIMÓN

¡Valor! ¿Todavía pide usted más valor a un oficial que en la última guerra, con muy pocos que se atrevieron a seguirle, tomó dos baterías, clavó los cañones [1], hizo algunos prisioneros y volvió al campo

---

[1] *Clavar las piezas o la artillería.* «Es meter por los fogones de las piezas unos clavos o hierros, para que no puedan servir.» (*Dicc. de Aut.*)

50

lleno de heridas y cubierto de sangre...? Pues bien satisfecho quedó usted entonces del valor de su sobrino, y yo le vi a usted más de cuatro veces llorar de alegría, cuando el rey le premió con el grado de teniente coronel y una cruz de Alcántara [2].

DON DIEGO

Sí, señor; todo es verdad; pero no viene a cuento. Yo soy el que me caso.

SIMÓN

Si está usted bien seguro de que ella le quiere, si no la asusta la diferencia de la edad, si su elección es libre...

DON DIEGO

Pues ¿no ha de serlo...? [Doña Irene la escribió con anticipación sobre el particular. Hemos ido allá, me ha visto, la han informado de cuanto ha querido saber, y ha respondido que está bien, que admite gustosa el partido que se le propone... Y ya ves tú con qué agrado me trata, y qué expresiones me hace tan cariñosas y tan sencillas... Mira, Simón, si los matrimonios muy desiguales tienen por lo común desgraciada resulta, consiste en que alguna de las partes procede sin libertad, en que hay violencia, seducción, engaño, amenazas, tiranía doméstica... Pero aquí no hay nada de eso.] ¿Y qué sacarían con engañarme? Ya ves tú la religiosa de Guadalajara si es mujer de juicio; ésta de Alcalá, aunque no la conozco, sé que es una señora de excelentes prendas; mira tú si doña Irene querrá el bien de su hija; pues todas ellas me han dado cuantas seguridades puedo apetecer... La criada, que la [3] ha servido en Madrid

---

[2] *Alcántara,* orden militar.

[3] *la,* nótese el laísmo, muy frecuente a lo largo del texto moratiniano.

y más de cuatro años en el convento, se hace lenguas de ella; y, sobre todo, me ha informado de que jamás observó en esta criatura la más remota inclinación a ninguno de los pocos hombres que ha podido ver en aquel encierro. Bordar, coser, leer libros devotos, oir misa y correr por la huerta detrás de las mariposas, y echar agua en los agujeros de las hormigas, éstas han sido su ocupación y sus diversiones... ¿Qué dices?

Simón

Yo nada, señor.

Don Diego

Y no pienses tú que, a pesar de tantas seguridades, no aprovecho las ocasiones que se presentan para ir ganando su amistad y su confianza, y lograr que se explique conmigo en absoluta libertad... Bien que aún hay tiempo... Sólo que aquella doña Irene siempre la interrumpe, todo se lo habla... Y es muy buena mujer, buena...

Simón

En fin, señor, yo desearé que salga como usted apetece.

Don Diego

Sí, yo espero en Dios que no ha de salir mal. Aunque el novio no es muy de tu gusto... ¡Y qué fuera de tiempo me recomendabas al tal sobrinito! ¿Sabes tú lo enfadado que estoy con él?

Simón

¿Pues qué ha hecho?

Don Diego

Una de las suyas... Y hasta pocos días ha no lo

he sabido. El año pasado, ya lo viste, estuvo dos meses en Madrid... Y me costó buen dinero la tal visita... En fin, es mi sobrino, bien dado está; pero voy al asunto. Llegó el caso de irse a Zaragoza a su regimiento... Ya te acuerdas de que a muy pocos días de haber salido de Madrid, recibí la noticia de su llegada.

SIMÓN

Sí, señor.

DON DIEGO

Y que siguió escribiéndome, aunque algo perezoso, siempre con la data[4] de Zaragoza.

SIMÓN

Así es la verdad.

DON DIEGO

Pues el pícaro no estaba allí cuando me escribía las tales cartas.

SIMÓN

¿Qué dice usted?

DON DIEGO

Sí, señor. El día tres de julio salió de mi casa, y a fines de septiembre aún no había llegado a sus pabellones[5]... ¿No te parece que, para ir por la posta[6], hizo muy buena diligencia?[7]

---

[4] *data*, indicación del lugar y fecha en que se extiende un documento o carta.
[5] *pabellón*, residencia militar aneja a los cuarteles.
[6] *postas*, conjunto de caballerías apostadas a cierta distancia para que, mudando los tiros, se haga el viaje con más rapidez.
[7] *diligencia:* nótese el juego con los significados de la palabra.

SIMÓN

Tal vez se pondría malo en el camino, y por no darle a usted pesadumbre...

DON DIEGO

Nada de eso. Amores del señor oficial y devaneos que le traen loco... Por ahí, en esas ciudades, puede que... ¿Quién sabe...? Si encuentra un par de ojos negros, ya es hombre perdido... ¡No permita Dios que me le engañe alguna bribona de estas que truecan el honor por el matrimonio!

SIMÓN

¡Oh! No hay que temer... Y si tropieza con alguna fullera de amor, buenas cartas ha de tener para que le engañe.

DON DIEGO

Me parece que están ahí... Sí. Busca al mayoral, y dile que venga, para quedar de acuerdo en la hora a que deberemos salir mañana.

SIMÓN

Bien está.

DON DIEGO

Ya te he dicho que no quiero que esto se trasluzca, ni... ¿Estamos?

SIMÓN

No haya miedo que a nadie lo cuente. (SIMÓN *se va por la puerta del foro. Salen por la misma las tres mujeres, con mantillas y basquiñas* [8]. RITA *deja*

---

[8] *basquiña,* ropa o saya de las mujeres que va desde la cintura al suelo con pliegues, que hechos en la parte superior forman la cintura, y por la parte inferior tienen mucho vuelo.

un pañuelo atado sobre la mesa, y recoge las mantillas y las dobla.)

Escena II

Doña Irene, Doña Francisca, Rita, Don Diego

Doña Francisca

Ya estamos acá.

Doña Irene

¡Ay, qué escalera!

Don Diego

Muy bien venidas, señoras.

Doña Irene

¿Conque usted, a lo que parece, no ha salido? (*Se sientan* Doña Irene *y* Don Diego.)

Don Diego

No, señora. Luego, más tarde, daré una vueltecilla por ahí... He leído un rato. Traté de dormir, pero en esta posada no se duerme.

Doña Francisca

Es verdad que no... ¡Y qué mosquitos! Mala peste en ellos. Anoche no me dejaron parar... Pero mire usted, mire usted (*desata el pañuelo y manifiesta algunas cosas de las que indica el diálogo*), cuántas cosillas traigo. Rosarios de nácar, cruces de ciprés, la regla de San Benito [9], una pililla de cristal... Mire

---

[9] *la regla de San Benito,* reglamentación de la vida monástica realizada por San Benito de Nursia.

usted qué bonita. Y dos corazones de talco [10]... ¡Qué sé yo cuánto viene aquí!... ¡Ay! Y una campanilla de barro [11] bendito para los truenos... ¡Tantas cosas!

DOÑA IRENE

Chucherías que la han dado las madres. Locas estaban con ella.

DOÑA FRANCISCA

¡Cómo me quieren todas! ¡Y mi tía, mi pobre tía, lloraba tanto...! Es ya muy viejecita.

DOÑA IRENE

Ha sentido mucho no conocer a usted.

DOÑA FRANCISCA

Sí, es verdad. Decía: ¿Por qué no ha venido aquel señor...?

DOÑA IRENE

El padre capellán y el rector de los Verdes [12] nos han venido acompañando hasta la puerta.

DOÑA FRANCISCA

Toma (*vuelve a atar el pañuelo y se le da a* RITA, *la cual se va con él y con las mantillas al cuarto de* DOÑA IRENE), guárdamelo todo allí, en la excusabaraja [13]. Mira, llévalo así de las puntas... ¡Válgate Dios! ¡Eh! ¡Ya se ha roto la Santa Gertrudis de alcorza! [14]

---

[10] *talco,* «especie de piedra blanca, clara y transparente, que se divide en delgadas hojas» (*Dicc. de Aut.*)

[11] *campanilla de barro,* contra las tormentas, según la superstición popular.

[12] *los verdes,* los alumnos del Colegio de Santa Catalina, en Alcalá, denominados así por el color de su uniforme.

[13] *excusabaraja,* cesta grande hecha de mimbres.

[14] *alcorza.* pasta muy blanca de azúcar y almidón.

RITA

No importa; yo me la comeré.

ESCENA III

DOÑA IRENE, DOÑA FRANCISCA, DON DIEGO

DOÑA FRANCISCA

¿Nos vamos adentro, mamá, o nos quedamos aquí?

DOÑA IRENE

Ahora, niña, que quiero descansar un rato.

DON DIEGO

Hoy se ha dejado sentir el calor en forma.

DOÑA IRENE

¡Y qué fresco tienen aquel locutorio! [Vaya,] está hecho un cielo... (*Siéntase* DOÑA FRANCISCA *junto a su madre.*)

[DOÑA FRANCISCA

Pues con todo, aquella monja tan gorda que se llama la madre Angustias, bien sudaba... ¡Ay, cómo sudaba la pobre mujer!]

DOÑA IRENE

Mi hermana es la que está bastante delicadita. Ha padecido mucho este invierno... Pero, vaya, no sabía qué hacerse con su sobrina la buena señora... Está muy contenta de nuestra elección.

DON DIEGO

Yo celebro que sea tan a gusto de aquellas personas, a quienes debe usted particulares obligaciones.

Doña Irene

Sí, Trinidad está muy contenta, y en cuanto a Circuncisión, ya lo ha visto usted. La ha costado mucho despegarse de ella; pero ha conocido que, siendo para su bienestar, es necesario pasar por todo... Ya se acuerda usted de lo expresiva que estuvo, y...

Don Diego

Es verdad. Sólo falta que la parte interesada tenga la misma satisfacción que manifiestan cuantos la quieren bien.

Doña Irene

Es hija obediente, y no se apartará jamás de lo que determine su madre.

Don Diego

Todo eso es cierto, pero...

Doña Irene

Es de buena sangre, y ha de pensar bien, y ha de proceder con el honor que la corresponde.

Don Diego

Sí, ya estoy; pero ¿no pudiera, sin faltar a su honor ni a su sangre...?

Doña Francisca

¿Me voy, mamá? (*Se levanta y vuelve a sentarse.*)

Doña Irene

No pudiera, no señor. Una niña bien educada, hija de buenos padres, no puede menos de conducirse en todas ocasiones como es conveniente y debido. Un vivo retrato es la chica, ahí donde usted la ve, de su abuela que Dios perdone, doña Jerónima de Peralta...

58

En casa tengo el cuadro, ya le habrá usted visto. Y le hicieron, según me contaba su merced, para enviárselo a su tío carnal el padre fray Serapión de San Juan Crisóstomo, electo obispo de Mechoacán.

Don Diego

Ya.

Doña Irene

Y murió en el mar el buen religioso, que fue un quebranto para toda la familia... Hoy es, y todavía estamos sintiendo su muerte; particularmente mi primo don Cucufate, Regidor perpetuo de Zamora, no puede oir hablar de Su Ilustrísima sin deshacerse en lágrimas.

Doña Francisca

¡Válgate Dios, qué moscas tan...!

Doña Irene

Pues murió en olor de santidad.

Don Diego

Eso bueno es.

Doña Irene

Sí, señor; pero como la familia ha venido tan a menos... ¿Qué quiere usted? Donde no hay facultades... Bien que, por lo que puede tronar, ya se le está escribiendo la vida; y quién sabe que el día de mañana no se imprima, con el favor de Dios.

Don Diego

Sí, pues ya se ve. Todo se imprime [15].

---

[15] *todo se imprime:* nótese la intención irónica de la frase.

Doña Irene

Lo cierto es que el autor, que es sobrino de mi hermano político, el canónigo de Castrojeriz, no la deja de la mano; y a la hora de esta, lleva ya escritos nueve tomos en folio, que comprenden los nueve años primeros de la vida del santo obispo.

Don Diego

¿Con que para cada año un tomo?

Doña Irene

Sí, señor, ese plan se ha propuesto.

Don Diego

¿Y de qué edad murió el venerable?

Doña Irene

De ochenta y dos años, tres meses y catorce días.

Doña Francisca

¿Me voy, mamá?

Doña Irene

Anda, vete. ¡Válgate Dios, que prisa tienes!

Doña Francisca

¿Quiere usted (*Se levanta, y después de hacer una graciosa cortesía a* Don Diego, *da un beso a* Doña Irene *y se va al cuarto de ésta*) que le haga una cortesía a la francesa, señor don Diego?

Don Diego

Sí, hija mía. A ver.

Doña Francisca

Mire usted, así.

60

DON DIEGO

¡Graciosa niña! ¡Viva la Paquita, viva!

DOÑA FRANCISCA

Para usted una cortesía, y para mi mamá un beso.

ESCENA IV

DOÑA IRENE, DON DIEGO

DOÑA IRENE

Es muy gitana [16] y muy mona, mucho.

DON DIEGO

Tiene un donaire natural que arrebata.

DOÑA IRENE

¿Qué quiere usted Criada sin artificio ni embelecos de mundo, contenta de verse otra vez al lado de su madre, y mucho más de considerar tan inmediata su colocación, ño es maravilla que cuanto hace y dice sea una gracia, y máxime a los ojos de usted, que tanto se ha empeñado en favorecerla.

DON DIEGO

Quisiera sólo que se explicase libremente acerca de nuestra proyectada unión, y...

DOÑA IRENE

Oiría usted lo mismo que le he dicho ya.

---

[16] *Es muy gitana,* «...Se dice es muy gitana por ser muy halagüeña y cariñosa.» (Dicc. de Aut.)

Don Diego

Sí, no lo dudo; pero el saber que la merezco alguna inclinación, oyéndoselo decir con aquella boquilla tan graciosa que tiene, sería para mí una satisfacción imponderable.

Doña Irene

No tenga usted sobre ese particular la más leve desconfianza; pero hágase usted cargo de que a una niña no la es lícito decir con ingenuidad lo que siente. Mal parecería, señor don Diego, que una doncella de vergüenza y criada como Dios manda, se atreviese a decirle a un hombre: Yo le quiero a usted.

Don Diego

Bien, si fuese un hombre a quien hallara por casualidad en la calle y le espetara ese favor de buenas a primeras, cierto que la doncella haría muy mal; pero a un hombre con quien ha de casarse dentro de pocos días, ya pudiera decirle alguna cosa que... Además, que hay ciertos modos de explicarse...

Doña Irene

Conmigo usa de más franqueza. A cada instante hablamos de usted, y en todo manifiesta el particular cariño que a usted le tiene... ¡Con qué juicio hablaba ayer noche, después que usted se fue a recoger! No sé lo que hubiera dado porque hubiese podido oírla.

Don Diego

¿Y qué? ¿Hablaba de mí?

Doña Irene

Y qué bien piensa acerca de lo preferible que es para una criatura de sus años un marido de cierta edad, experimentado, maduro y de conducta...

Don Diego

¡Calle! ¿Eso decía?

Doña Irene

No, esto se lo decía yo, y me escuchaba con una atención como si fuera una mujer de cuarenta años, lo mismo... ¡Buenas cosas la dije! Y ella, que tiene mucha penetración, aunque me esté mal el decirlo... ¿Pues no da lástima, señor, el ver cómo se hacen los matrimonios hoy en el día? Casan a una muchacha de quince años con un arrapiezo de dieciocho, a una de diecisiete con otro de veintidós: ella niña, sin juicio ni experiencia, y él niño también, sin asomo de cordura ni conocimiento de lo que es mundo. Pues, señor (que es lo que yo digo), ¿quién ha de gobernar la casa? ¿Quién ha de mandar a los criados? ¿Quién ha de enseñar y corregir a los hijos? Porque sucede también que estos atolondrados de chicos suelen plagarse de criaturas en un instante, que da compasión.

Don Diego

Cierto que es un dolor el ver rodeados de hijos a muchos que carecen del talento, de la experiencia y de la virtud que son necesarias para dirigir su educación.

Doña Irene

Lo que sé decirle a usted es que aún no había cumplido los diecinueve cuando me casé de primeras nupcias con mi difunto don Epifanio, que esté en el cielo. Y era un hombre que, mejorando lo presente, no es posible hallarle de más respeto, más caballeroso... Y, al mismo tiempo, más divertido y decidor. Pues, para servir a usted, ya tenía los cincuenta y seis, muy largos de talle, cuando se casó conmigo.

Don Diego

Buena edad... No era un niño, pero...

Doña Irene

Pues a eso voy... Ni a mí podía convenirme en aquel entonces un boquirrubio [17] con los cascos a la jineta [18]... No, señor... Y no es decir tampoco que estuviese achacoso ni quebrantado de salud, nada de eso. Sanito estaba, gracias a Dios, como una manzana; ni en su vida conoció otro mal, sino una especie de alferecía [19] que le amagaba de cuando en cuando. Pero luego que nos casamos, dio en darle tan a menudo y tan de recio, que a los siete meses me hallé viuda y encinta de una criatura que nació después, y al cabo y al fin se me murió de alfombrilla [20].

Don Diego

¡Oiga!... Mire usted si dejó sucesión el bueno de don Epifanio.

Doña Irene

Sí, señor, pues ¿por qué no?

Don Diego

Lo digo porque luego saltan con... Bien que si uno hubiera de hacer caso... ¿Y fue niño o niña?

Doña Irene

Un niño muy hermoso. Como una plata era el angelito.

---

[17] *boquirrubio*, mozalbete presumido de lindo y de enamorado.
[18] *con los cascos a la jineta*, con poco asiento y reflexión.
[19] *alferecía*, enfermedad caracterizada por convulsiones y pérdida del conocimiento.
[20] *alfombrilla*, escarlatina.

Don Diego

Cierto que es consuelo tener, así, una criatura, y...

Doña Irene

¡Ay, señor! Dan malos ratos; pero ¿qué importa? Es mucho gusto, mucho.

Don Diego

Yo lo creo.

Doña Irene

Sí, señor.

Don Diego

Ya se ve que será una delicia y...

Doña Irene

¡Pues no ha de ser!

Don Diego

Un embeleso el verlos juguetear y reir, y acariciarlos, y merecer sus fiestecillas inocentes.

Doña Irene

¡Hijos de mi vida! Veintidós he tenido en los tres matrimonios que llevo hasta ahora, de los cuales sólo esta niña me ha venido a quedar; pero le aseguro a usted que...

ESCENA V

SIMÓN, DOÑA IRENE, DON DIEGO

SIMÓN

(*Sale por la puerta del foro.*) Señor, el mayoral está esperando.

DON DIEGO

Dile que voy allá... ¡Ah!, tráeme primero el sombrero y el bastón, que quisiera dar una vuelta por el campo. (*Entra* SIMÓN *al cuarto de* DON DIEGO, *saca un sombrero y un bastón, se los da a su amo, y al fin de la escena se va con él por la puerta del foro.*) Con que ¿supongo que mañana tempranito saldremos?

DOÑA IRENE

No hay dificultad. A la hora que a usted le parezca.

DON DIEGO

A eso de las seis, ¿eh?

DOÑA IRENE

Muy bien.

DON DIEGO

El sol nos da de espaldas... Le diré que venga una media hora antes.

DOÑA IRENE

Sí, que hay mil chismes que acomodar.

Escena VI

Doña Irene, Rita

Doña Irene

¡Válgame Dios! Ahora que me acuerdo... ¡Rita!...
Me le habrán dejado morir. ¡Rita!

Rita

Señora. (*Saca debajo del brazo sábanas y almohadas.*)

Doña Irene

¿Qué has hecho del tordo? ¿Le diste de comer?

Rita

Sí, señora. Más ha comido que un avestruz. Ahí
le puse en la ventana del pasillo.

Doña Irene

¿Hiciste las camas?

Rita

La de usted ya está. Voy a hacer esotras antes
que anochezca, porque si no, como no hay más alumbrado que el del candil y no tiene garabato [21], me veo
perdida.

Doña Irene

Y aquella chica, ¿qué hace?

---

[21] *garabato*, gancho.

Rita

Está desmenuzando un bizcocho para dar de cenar a don Periquito.

Doña Irene

¡Qué pereza tengo de escribir! (*Se levanta y se entra en su cuarto.*) Pero es preciso, que estará con mucho cuidado la pobre Circuncisión.

Rita

¡Qué chapucerías! No ha dos horas, como quien dice, que salimos de allá, y ya empiezan a ir y venir correos. ¡Qué poco me gustan a mí las mujeres gazmoñas y zalameras! (*Entrase en el cuarto de Doña Francisca.*)

Escena VII

Calamocha

Calamocha

(*Sale por la puerta del foro con unas maletas, botas y látigo. Lo deja todo sobre la mesa y se sienta.*) ¡Con que ha de ser el número tres! Vaya en gracia... Ya, ya conozco el tal número tres. Colección de bichos más abundante no la tiene el Gabinete de Historia Natural... Miedo me da de entrar... ¡Ay! ¡ay!... ¡Y qué agujetas! Estas sí que son agujetas... Paciencia, pobre Calamocha, paciencia... Y gracias a que los caballitos dijeron no podemos más, que si no, por esta vez no veía yo el número tres, ni las plagas de Faraón [22] que tiene dentro... En fin, como los anima-

[22] *las plagas de Faraón,* de las plagas enviadas por Dios contra el Faraón, la segunda, tercera, cuarta y octava fueron

les amanezcan vivos, no será poco... Reventados están... (*Canta* RITA *desde adentro.* CALAMOCHA *se levanta desperezándose.*) ¡Oiga!... ¿Seguidillitas?... Y no canta mal... Vaya, aventura tenemos... ¡Ay, qué desvencijado estoy!

ESCENA VIII

RITA, CALAMOCHA

RITA

Mejor es cerrar, no sea que nos alivien de ropa, y... (*Forcejeando para echar la llave.*) Pues cierto que está bien acondicionada la llave.

CALAMOCHA

¿Gusta usted de que eche una mano, mi vida?

RITA

Gracias, mi alma.

CALAMOCHA

¡Calle!... ¡Rita!

RITA

¡Calamocha!

CALAMOCHA

¿Qué hallazgo es éste?

RITA

¿Y tu amo?

---

de ranas, mosquitos, tábanos y langostas, respectivamente (*Exodo,* 7 a 11, ed. Nácar y Colunga).

Calamocha

Los dos acabamos de llegar.

Rita

¿De veras?

Calamocha

No, que es chanza. Apenas recibió la carta de
doña Paquita, yo no sé adónde fue, ni con quién habló, ni cómo lo dispuso; sólo sé decirte que aquella
tarde salimos de Zaragoza. Hemos venido como dos
centellas por ese camino. Llegamos esta mañana a
Guadalajara, y a las primeras diligencias nos hallamos
con que los pájaros volaron ya. A caballo otra vez,
y vuelta a correr y a sudar y a dar chasquidos... En
suma, molidos los rocines y nosotros a medio moler,
hemos parado aquí con ánimo de salir mañana... Mi
teniente se ha ido al Colegio Mayor [23] a ver a un amigo, mientras se dispone algo que cenar... Esta es la
historia.

Rita

¿Con que le tenemos aquí?

Calamocha

Y enamorado más que nunca, celoso, amenazan-
do vidas... Aventurado a quitar el hipo a cuantos le
disputen la posesión de su Currita idolatrada.

Rita

¿Qué dices?

Calamocha

Ni más ni menos.

---

[23] *Colegio Mayor,* el Colegio Mayor de San Ildefonso, donde
radicaban los estudios de la Universidad de Alcalá.

¡Qué gusto me das!... Ahora sí se conoce que la tiene amor.

CALAMOCHA

¿Amor?... ¡Friolera!... El moro Gazul [21] fue para con él un pelele, Medoro [25] un zascandil y Gaiferos [26] un chiquillo de la doctrina.

RITA

¡Ay, cuando la señorita lo sepa!

CALAMOCHA

Pero, acabemos. ¿Cómo te hallo aquí? ¿Con quién estás?... ¿Cuándo llegaste?... Qué...

RITA

Yo te lo diré. La madre de doña Paquita dio en escribir cartas y más cartas, diciendo que tenía concertado su casamiento en Madrid con un caballero rico, honrado, bienquisto, en suma, cabal y perfecto, que no había más que apetecer. Acosada la señorita con tales propuestas, y angustiada incesantemente con los sermones de aquella bendita monja, se vio en la necesidad de responder que estaba pronta a todo lo que la mandasen... Pero no te puedo ponderar cuánto lloró la pobrecita, qué afligida estuvo. Ni quería comer, ni podía dormir... Y al mismo tiempo era pre-

---

[21] *el moro Gazul,* personaje del Romancero. Moratín lo recuerda también en otra comedia suya, *El barón:* «...Sonó / una cítara, y con ella / un romance de Gazul, / cierto moro que se queja / de que su mora, por otro / nuevo galán le desdeña.» (Acto I, Escena VI.)

[25] *Medoro,* personaje literario que aparece en el *Orlando furioso,* de Ariosto. Recuérdese también el romance de *Angélica y Medoro,* de Góngora.

[26] *Gaiferos,* personaje que aparece en los romances del ciclo carolingio.

ciso disimular, para que su tía no sospechara la verdad del caso. Ello es que cuando, pasado el primer susto, hubo lugar de discurrir escapatorias y arbitrios, no hallamos otro que el de avisar a tu amo, esperando que si era su cariño tan verdadero y de buena ley como nos había ponderado, no consentiría que su pobre Paquita pasara a manos de un desconocido, y se perdiesen para siempre tantas caricias, tantas lágrimas y tantos suspiros estrellados en las tapias del corral. Apenas partió la carta a su destino, cata el coche de colleras y el mayoral Gasparet con sus medias azules, y la madre y el novio que vienen por ella; recogimos a toda prisa nuestros meriñaques[27], se atan los cofres, nos despedimos de aquellas buenas mujeres, y en dos latigazos llegamos antes de ayer a Alcalá. La detención ha sido para que la señorita visite a otra tía monja que tiene aquí, tan arrugada y tan sorda como la que dejamos allá. Ya la ha visto, ya la han besado bastante una por una todas las religiosas, y creo que mañana temprano saldremos. Por esta casualidad nos...

CALAMOCHA

Sí. No digas más... Pero... ¿Con que el novio está en la posada?

RITA

Ese es su cuarto, (*señalando el cuarto de* DON DIEGO, *el de* DOÑA IRENE *y el de* DOÑA FRANCISCA) éste el de la madre, y aquél el nuestro.

CALAMOCHA

¿Cómo nuestro? ¿Tuyo y mío?

RITA

No, por cierto. Aquí dormiremos esta noche la se-

---

[27] *meriñaques,* alhajas de poco valor.

ñorita y yo; porque ayer, metidas las tres en ese de enfrente, ni cabíamos de pie, ni pudimos dormir un instante, ni respirar siquiera.

CALAMOCHA

Bien. Adiós. (*Recoge los trastos que puso sobre la mesa, en ademán de irse.*)

RITA

Y ¿adónde?

CALAMOCHA

Yo me entiendo... Pero el novio, ¿trae consigo criados, amigos o deudos que le quiten la primera zambullida[28] que le amenaza?

RITA

Un criado viene con él.

CALAMOCHA

¡Poca cosa!... Mira, dile en caridad que se disponga, porque está de peligro. Adiós.

RITA

¿Y volverás presto?

CALAMOCHA

Se supone. Estas cosas piden diligencia y, aunque apenas puedo moverme, es necesario que mi teniente deje la visita y venga a cuidar de su hacienda, disponer el entierro de ese hombre, y... Con que ése es nuestro cuarto, ¿eh?

RITA

Sí. De la señorita y mío.

---

[28] *zambullida*, treta de esgrima.

CALAMOCHA

¡Bribona!

RITA

¡Botarate! Adiós.

CALAMOCHA

Adiós, aborrecida (*éntrase con los trastos al cuarto de* DON CARLOS).

ESCENA IX

DOÑA FRANCISCA, RITA

RITA

¡Qué malo es!... Pero... ¡Válgame Dios! ¡Don Félix aquí! Sí, la quiere, bien se conoce... (*Sale* CALAMOCHA *del cuarto de* DON CARLOS *y se va por la puerta del foro.*) ¡Oh! Por más que digan, los hay muy finos, y entonces, ¿qué ha de hacer una?... Quererlos, no tiene remedio, quererlos... Pero ¿qué dirá la señorita cuando le vea, que está ciega por él? ¡Pobrecilla! ¿Pues no sera una lástima que...? Ella es. (*Sale* DOÑA FRANCISCA.)

DOÑA FRANCISCA

¡Ay, Rita!

RITA

¿Qué es eso? ¿Ha llorado usted?

DOÑA FRANCISCA

¿Pues no he de llorar? Si vieras mi madre... Empeñada está en que he de querer mucho a ese hombre... Si ella supiera lo que sabes tú, no me mandaría cosas imposibles... Y que es tan bueno, y que es rico, y que me irá tan bien con él... Se ha enfadado tanto, y me ha llamado picarona, inobediente... ¡Pobre de mí! Porque no miento ni sé fingir, por eso me llaman picarona.

RITA

Señorita, por Dios, no se aflija usted.

DOÑA FRANCISCA

Ya, como tú no la has oído... Y dice que don Diego se queja de que yo no le digo nada... Harto le digo, y bien he procurado hasta ahora mostrarme contenta delante de él, que no lo estoy por cierto, y reírme y hablar niñerías... Y todo por dar gusto a mi madre, que si no... Pero bien sabe la Virgen que no me sale del corazón. (*Se va oscureciendo lentamente el teatro.*)

RITA

Vaya, vamos, que no hay motivo todavía para tanta angustia... ¡Quién sabe!... ¿No se acuerda usted ya de aquel día de asueto que tuvimos el año pasado en la casa de campo del intendente?

DOÑA FRANCISCA

¡Ay! ¿Cómo puedo olvidarlo?... Pero, ¿qué me vas a contar?

RITA

Quiero decir que aquel caballero que vimos allí con aquella cruz verde [23], tan galán, tan fino...

_____

[23] *cruz verde,* que distinguía a los caballeros de Alcántara.

Doña Francisca

¡Qué rodeos!... Don Félix. ¿Y qué?

Rita

Que nos fue acompañando hasta la ciudad...

Doña Francisca

Y bien... Y luego volvió, y le vi, por mi desgracia, muchas veces... mal aconsejada de ti.

Rita

¿Por qué, señora?... ¿A quién dimos escándalo? Hasta ahora nadie lo ha sospechado en el convento. Él no entró jamás por las puertas, y cuando de noche hablaba con usted, mediaba entre los dos una distancia tan grande, que usted la maldijo no pocas veces... Pero esto no es del caso. Lo que voy a decir es que un amante como aquél no es posible que se olvide tan presto de su querida Paquita... Mire usted que todo cuanto hemos leído a hurtadillas en las novelas no equivale a lo que hemos visto en él... ¿Se acuerda usted de aquellas tres palmadas que se oían entre once y doce de la noche, de aquella sonora [30] punteada [31] con tanta delicadeza y expresión?

Doña Francisca

¡Ay, Rita! Sí, de todo me acuerdo, y mientras viva conservaré la memoria... Pero está ausente... Y entretenido acaso con nuevos amores.

Rita

Eso no lo puedo yo creer.

---

[30] *sonora,* especie de guitarra.
[31] *punteada:* llámase puntear a tañer o tocar la guitarra u otro instrumento semejante.

Doña Francisca

Es hombre al fin, y •todos ellos...

Rita

¡Qué bobería! Desengáñese usted, señorita. Con los hombres y las mujeres sucede lo mismo que con los melones de Añover [32]. Hay de todo; la dificultad está en saber escogerlos. El que se lleve chasco en la elección, quéjese de su mala suerte, pero no desacredite la mercancía... Hay hombres muy embusteros, muy picarones; pero no es creíble que lo sea el que ha dado pruebas tan repetidas de perseverancia y amor. Tres meses duró el terrero [33] y la conversación a oscuras, y en todo aquel tiempo, bien sabe usted que no vimos en él una acción descompuesta, ni oímos de su boca una palabra indecente ni atrevida.

Doña Francisca

Es verdad. Por eso le quise tanto, por eso le tengo tan fijo aquí... aquí... (*Señalando el pecho.*) ¿Qué habrá dicho al ver la carta?... ¡Oh! Yo bien sé lo que habrá dicho... ¡Válgate Dios! ¡Es lástima! Cierto. ¡Pobre Paquita!... Y se acabó... No habrá dicho más... Nada más.

Rita

No señora, no ha dicho eso.

---

[32] Añover de Tajo, villa del partido judicial de Illescas, en la provincia de Toledo. R. Andioc, ed. cit., pág. 198, nota, recuerda estos versos de *El desdén con el desdén* (Acto I, Escena V), de Moreto:

«Diana —¿Añover?
Polilla —Él me crió,
       que en este lugar extraño
       se ven melones cada año...»

[33] *terrero*, el lugar desde donde cortejaban a las damas. Por extensión, el hecho mismo de cortejar.

Doña Francisca

¿Qué sabes tú?

Rita

Bien lo sé. Apenas haya leído la carta se habrá puesto en camino, y vendrá volando a consolar a su amiga... Pero... (*Acercándose a la puerta del cuarto de* Doña Irene.)

Doña Francisca

¿A dónde vas?

Rita

Quiero ver si...

Doña Francisca

Está escribiendo.

Rita

Pues ya presto habrá de dejarlo, que empieza a anochecer... Señorita, lo que la he dicho a usted es la verdad pura. Don Félix está ya en Alcalá.

Doña Francisca

¿Qué dices? No me engañes.

Rita

Aquél es su cuarto... Calamocha acaba de hablar conmigo.

Doña Francisca

¿De veras?

Rita

Sí, señora... Y le ha ido a buscar para...

Conque ¿me quiere?... ¡Ay, Rita! Mira tú si hicimos bien de avisarle... Pero ¿ves qué fineza?... ¿Si vendrá bueno? ¡Correr tantas leguas sólo por verme..., porque yo se lo mando!... ¡Qué agradecida le debo estar!... ¡Oh!, yo le prometo que no se quejará de mí. Para siempre agradecimiento y amor.

Rita

Voy a traer luces. Procuraré detenerme por allá abajo hasta que vuelvan...· Veré lo que dice y qué piensa hacer, porque hallándonos todos aquí, pudiera haber una de Satanás entre la madre, la hija, el novio y el amante; y si no ensayamos bien esta contradanza [34], nos hemos de perder en ella.

Doña Francisca

Dices bien... Pero no; él tiene resolución y talento, y sabrá determinar lo más conveniente... Y ¿cómo has de avisarme?... Mira que así que llegue le quiero ver.

Rita

No hay que dar cuidado. Yo le traeré por acá, y en dándome aquella tosecilla seca... ¿Me entiende usted?

Doña Francisca

Sí, bien.

Rita

Pues entonces no hay más que salir con cualquiera excusa. Yo me quedaré con la señora mayor; la ha-

---

[34] *contradanza,* «cierto género de baile nuevamente introducido, que se ejecuta entre seis, ocho, o más personas, formando diversas figuras y movimientos». (*Dicc. de Aut.*)

blaré de todos sus maridos y de sus concuñados, y del obispo que murió en el mar... Además, que si está allí don Diego...

DOÑA FRANCISCA

Bien, anda; y así que llegue...

RITA

Al instante.

DOÑA FRANCISCA

Que no se te olvide toser.

RITA

No haya miedo.

DOÑA FRANCISCA

¡Si vieras qué consolada estoy!

RITA

Sin que usted lo jure lo creo.

DOÑA FRANCISCA

¿Te acuerdas, cuando me decía que era imposible apartarme de su memoria, que no habría peligros que le detuvieran, ni dificultades que no atropellara por mí?

RITA

Sí, bien me acuerdo.

DOÑA FRANCISCA

¡Ah!... Pues mira cómo me dijo la verdad. (DOÑA FRANCISCA *se va al cuarto de* DOÑA IRENE; RITA, *por la puerta del foro.*)

ACTO SEGUNDO

Escena primera

(*Se irá oscureciendo lentamente el teatro, hasta que al principio de la escena tercera vuelve a iluminarse.*)

Doña Francisca

Nadie parece aún... (Doña Francisca *se acerca a la puerta del foro y vuelve.*) ¡Qué impaciencia tengo!... Y dice mi madre que soy una simple, que sólo pienso en jugar y reír, y que no sé lo que es amor... Sí, diecisiete años, y no cumplidos; pero ya sé lo que es querer bien, y la inquietud y las lágrimas que cuesta.

Escena II

Doña Irene, Doña Francisca

Doña Irene

Sola y a oscuras me habéis dejado allí.

Doña Francisca

Como estaba usted acabando su carta, mamá, por no estorbarla me he venido aquí, que está mucho más fresco.

Doña Irene

Pero aquella muchacha, ¿qué hace que no trae una luz? Para cualquiera cosa se está un año. Y yo que tengo un genio como una pólvora… (*Siéntase.*) Sea todo por Dios… ¿Y don Diego? ¿No ha venido?

Doña Francisca

Me parece que no.

Doña Irene

Pues cuenta, niña, con lo que te he dicho ya. Y mira que no gusto de repetir una cosa dos veces. Este caballero está sentido, y con muchísima razón.

Doña Francisca

Bien; sí, señora, ya lo sé. No me riña usted más.

Doña Irene

No es esto reñirte, hija mía, esto es aconsejarte. Porque como tú no tienes conocimiento para considerar el bien que se nos ha entrado por las puertas… y lo atrasada [35] que me coge, que yo no sé lo que hubiera sido de tu pobre madre… Siempre cayendo y levantando… Médicos, botica… Que se dejaba pedir aquel caribe de don Bruno (Dios le haya coronado de gloria) los veinte y los treinta reales por cada papelillo de píldoras de coloquíntida [36] y asafétida [37]… Mira que un casamiento como el que vas hacer, muy pocas le consiguen. Bien que a las oraciones de tus tías, que son unas bienaventuradas, debemos agradecer esta fortuna, y no a tus méritos ni a mi diligencia… ¿qué dices?

Doña Francisca

Yo, nada, mamá.

---

[35] *atrasada,* con atrasos, con deudas, empeñada.
[36] *coloquíntida* purgante.
[37] *asafétida, planta* antiespasmódica.

82

Doña Irene

Pues nunca dices nada. ¡Válgame Dios, señor!...
En hablándote de esto, no te ocurre nada que decir.

Escena III

Doña Irene, Doña Francisca, Rita

(*Sale* Rita *por la puerta del foro con luces y las pone encima de la mesa*)

Doña Irene

Vaya, mujer, yo pensé que en toda la noche no venías.

Rita

Señora, he tardado porque han tenido que ir a comprar las velas. Como el tufo del velón la hace a usted tanto daño...

Doña Irene

Seguro. que me hace muchísimo mal, con esta jaqueca que padezco... Los parches de alcanfor al cabo tuve que quitármelos; ¡si no me sirvieron de nada! Con las obleas [38] me parece que me va mejor... Mira, deja una luz ahí y llévate la otra a mi cuarto, y corre la cortina, no se me llene todo de mosquitos.

Rita

Muy bien. (*Toma una luz y hace que se va.*)

Doña Francisca

(*Aparte*) ¿No ha venido?

---

[38] *obleas,* medicamento envuelto en obleas.

(Vendrá.)

Doña Irene

Óyes, aquella carta que está sobre la mesa, dásela al mozo de la posada para que la lleve al instante al correo… (*Vase* RITA *al cuarto de* DOÑA IRENE.) Y tú, niña, ¿qué has de cenar? Porque será menester recogernos presto para salir mañana de madrugada.

Doña Francisca

Como las monjas me hicieron merendar…

Doña Irene

Con todo eso… Siquiera unas sopas del puchero para el abrigo del estómago… (*Sale* RITA *con una carta en la mano, y hasta el fin de la escena hace que se va y vuelve, según lo indica el diálogo.*) Mira, has de calentar el caldo que apartamos al medio día, y haznos un par de tazas de sopas, y tráetelas luego que estén.

Rita

¿Y nada más?

Doña Irene

No, nada más… ¡Ah!, y házmelas bien caldositas.

Rita

Sí, ya lo sé.

Doña Irene

Rita.

Rita

(*Aparte:* Otra) ¿Qué manda usted?

Doña Irene

Encarga mucho al mozo que lleve la carta al instante... Pero no, señor; mejor es... No quiero que la lleve él, que son unos borrachones, que no se les puede... Has de decir a Simón que digo yo que me haga el gusto de echarla en el correo. ¿Lo entiendes?

Rita

Sí, señora.

Doña Irene

¡Ah! mira.

Rita

(*Aparte:* Otra.)

Doña Irene

Bien que ahora no corre prisa... Es menester que luego me saques de ahí al tordo y colgarle por aquí, de modo que no se caiga y se me lastime... (*Vase* Rita *por la puerta del foro.*) ¡Qué noche tan mala me dio!... ¡Pues no se estuvo el animal toda la noche de Dios rezando el Gloria Patri y la oración del Santo Sudario!... Ello, por otra parte, edificaba, cierto; pero cuando se trata de dormir...

Escena IV

Doña Irene, Doña Francisca

Doña Irene

Pues mucho será que don Diego no haya tenido algún encuentro por ahí, y eso le detenga. Cierto que es un señor muy mirado, muy puntual... ¡Tan buen cristiano! ¡Tan atento! ¡Tan bien hablado! ¡Y con qué garbo y generosidad se porta!... Ya se ve, un sujeto de bienes y de posibles... ¡Y qué casa tiene! Como un ascua de oro la tiene... Es mucho aquello. ¡Qué ropa blanca! ¡Qué batería de cocina! ¡ y qué despensa, llena de cuanto Dios crió!... Pero tú no parece que atiendes a lo que estoy diciendo.

Doña Francisca

Sí, señora, bien lo oigo; pero no la quería interrumpir a usted.

Doña Irene

Allí estarás, hija mía, como el pez en el agua; pajaritas del aire que apetecieras las tendrías, porque como él te quiere tanto, y es un caballero tan de bien y tan temeroso de Dios... Pero mira, Francisquita, que me cansa de veras el que siempre que te hablo de esto, hayas dado en la flor de no responderme palabra... ¡Pues no es cosa particular, señor!

Doña Francisca

Mamá, no se enfade usted.

Doña Irene

No es buen empeño de... ¿Y te parece a ti que no sé yo muy bien de dónde viene todo eso?... ¿No ves que conozco las locuras que se te han metido en esa cabeza de chorlito?... ¡Perdóneme Dios!

Doña Francisca

Pero... Pues ¿qué sabe usted?

Doña Irene

¿Me quieres engañar a mí, eh? ¡Ay, hija! He vivido mucho, y tengo yo mucha trastienda y mucha penetración para que tú me engañes.

DOÑA FRANCISCA

(*Aparte:* ¡Perdida soy!)

DOÑA IRENE

Sin contar con su madre... Como si tal madre no tuviera... Yo te aseguro que aunque no hubiera sido con esta ocasión, de todos modos era ya necesario sacarte del convento. Aunque hubiera tenido que ir a pie y sola por ese camino, te hubiera sacado de allí... ¡Mire usted qué juicio de niña éste! Que porque ha vivido un poco de tiempo entre monjas, ya se la puso en la cabeza el ser ella monja también... Ni qué entiende ella de eso, ni qué... En todos los estados se sirve a Dios, Frasquita; pero el complacer a su madre, asistirla, acompañarla y ser el consuelo de sus trabajos, ésa es la primera obligación de una hija obediente... Y sépalo usted, si no lo sabe.

DOÑA FRANCISCA

Es verdad, mámá... Pero yo nunca he pensado abandonarla a usted.

DOÑA IRENE

Sí, que no sé yo...

DOÑA FRANCISCA

No, señora. Créame usted. La Paquita nunca se apartará de su madre, ni la dará disgustos.

DOÑA IRENE

Mira si es cierto lo que dices.

DOÑA FRANCISCA

Sí, señora, que yo no sé mentir.

Pues, hija, ya sabes lo que te he dicho. Ya ves lo que pierdes, y la pesadumbre que me darás si no te portas en un todo como corresponde... Cuidado con ello.

Doña Francisca

(*Aparte*: ¡Pobre de mí!)

Escena V

Don Diego, Doña Irene, Doña Francisca

(*Sale* Don Diego *por la puerta del foro, y deja sobre la mesa sombrero y bastón*)

Doña Irene

Pues ¿cómo tan tarde?

Don Diego

Apenas salí tropecé con el rector de Málaga [Padre Guardián de San Diego] y el doctor Padilla, y hasta que me han hartado bien de chocolate y bollos no me han querido soltar... (*Siéntase junto a* Doña Irene.) Y a todo esto, ¿cómo va?

Doña Irene

Muy bien.

Don Diego

¿Y doña Paquita?

Doña Irene

Doña Paquita, siempre acordándose de sus monjas.

Ya la digo que es tiempo de mudar de bisiesto [39], y pensar sólo en dar gusto a su madre y obedecerla.

Don Diego

¡Qué diantre! ¿Con que tanto se acuerda de...?

Doña Irene

¿Qué se admira usted? Son niñas... No saben lo que quieren, ni lo que aborrecen... En una edad así, tan...

Don Diego

No, poco a poco, eso no. Precisamente en esa edad son las pasiones algo más enérgicas y decisivas que en la nuestra, y por cuanto la razón se halla todavía imperfecta y débil, los ímpetus del corazón son mucho más violentos... (*Asiendo de una mano a* Doña Francisca, *la hace sentar inmediata a él.*) Pero de veras, doña Paquita, ¿se volvería usted al convento de buena gana?... La verdad.

Doña Irene

Pero si ella no...

Don Diego

Déjela usted, señora, que ella responderá.

Doña Francisca

Bien sabe usted lo que acabo de decirla... No permita Dios que yo la dé que sentir.

Don Diego

Pero eso lo dice usted tan afligida y...

---

[39] *mudar de bisiesto,* cambiar de pensamiento.

Doña Irene

Si es natural, señor. ¿No ve usted que...?

Don Diego

Calle usted, por Dios, doña Irene, y no me diga usted a mí lo que es natural. Lo que es natural es que la chica esté llena de miedo, y no se atreva a decir una palabra que se oponga a lo que su madre quiere que diga... Pero si esto hubiese, por vida mía, que estábamos lucidos.

Doña Francisca

No, señor, lo que dice su merced, eso digo yo; lo mismo. Porque en todo lo que me manda la obedeceré.

Don Diego

¡Mandar, hija mía!... En estas materias tan delicadas, los padres que tienen juicio no mandan. Insinúan, proponen, aconsejan; eso sí, todo eso sí; ¡pero mandar!... ¿Y quién ha de evitar después las resultas funestas de lo que mandaron?... Pues ¿cuántas veces vemos matrimonios infelices, uniones monstruosas, verificadas solamente porque un padre tonto se metió a mandar lo que no debiera?... [¿Cuántas veces una desdichada mujer halla anticipada la muerte en el encierro de un claustro, porque su madre o su tío se empeñaron en regalar a Dios lo que Dios no quería?] ¡Eh! No, señor; eso no va bien... Mire usted, doña Paquita, yo no soy de aquellos hombres que se disimulan los defectos. Yo sé que ni mi figura ni mi edad son para enamorar perdidamente a nadie; pero tampoco he creído imposible que una muchacha de juicio y bien criada llegase a quererme con aquel amor tranquilo y constante que tanto se parece a la amistad, y es el único que puede hacer los matrimonios felices.

Para conseguirlo, no he ido a buscar ninguna hija de familia de estas que viven en una decente libertad... Decente, que yo no culpo lo que no se opone al ejercicio de la virtud. Pero, ¿cuál sería entre todas ellas la que no estuviese ya prevenida en favor de otro amante más apetecible que yo? Y en Madrid, ¡figúrese usted en un Madrid!... Lleno de estas ideas, me pareció que tal vez hallaría en usted todo cuanto vo deseaba...

DOÑA IRENE

Y puede usted creer, señor don Diego, que...

DON DIEGO

Voy a acabar, señora, déjeme usted acabar. Yo me hago cargo, querida Paquita, de lo que habrán influido en una niña tan bien inclinada como usted las santas costumbres que ha visto practicar en aquel inocente asilo de la devoción y la virtud; pero, si a pesar de todo esto, la imaginación acalorada, las circunstancias imprevistas, la hubiesen hecho elegir sujeto más digno, sepa usted que yo no quiero nada con violencia. Yo soy ingenuo; mi corazón y mi lengua no se contradicen jamás. Esto mismo la pido a usted, Paquita: sinceridad. El cariño que a usted la tengo no la debe hacer infeliz... Su madre de usted no es capaz de querer una injusticia, y sabe muy bien que a nadie se le hace dichoso por fuerza. Si usted no halla en mí prendas que la inclinen, si siente algún otro cuidadillo en su corazón, créame usted, la menor disimulación en esto nos daría a todos muchísimo que sentir.

DOÑA IRENE

¿Puedo hablar ya, señor?

DON DIEGO

Ella, ella debe hablar, y sin apuntador y sin intérprete.

Doña Irene

Cuando yo se lo mande.

Don Diego

Pues ya puede usted mandárselo, porque a ella la toca responder... Con ella he de casarme, con usted no.

Doña Irene

Yo creo, señor don Diego, que ni con ella ni conmigo. ¿En qué concepto nos tiene usted?... Bien dice su padrino, y bien claro me lo escribió pocos días ha, cuando le di parte de este casamiento. Que aunque no la ha vuelto a ver desde que la tuvo en la pila, la quiere muchísimo; y a cuantos pasan por el Burgo de Osma les pregunta cómo está, y continuamente nos envía memorias con el ordinario.

Don Diego

Y bien, señora, ¿qué escribió el padrino?... O, por mejor decir, ¿qué tiene que ver nada de eso con lo que estamos hablando?

Doña Irene

Sí señor que tiene que ver, sí señor. Y aunque yo lo diga, le aseguro a usted que ni un padre de Atocha [40] hubiera puesto una carta mejor que la que él me envió sobre el matrimonio de la niña... Y no es ningún catedrático, ni bachiller, ni nada de eso, sino un cualquiera, como quien dice, un hombre de capa y espada [41], con un empleíllo infeliz en el ramo del vien-

---

[40] *padre de Atocha,* fraile de la Orden de Predicadores, que estaba en un convento anejo a la iglesia de Atocha, en Madrid.

[41] *hombre de capa y espada,* hombre sin títulos nobiliarios ni académicos.

to [42], que apenas le da para comer... Pero es muy ladino, y sabe de todo, y tiene una labia y escribe que da gusto... Cuasi toda la carta venía en latín, no le parezca a usted, y muy buenos consejos que me daba en ella... Que no es posible sino que adivinase lo que nos está sucediendo.

Don Diego

Pero, señora, si no sucede nada, ni hay cosa que a usted la deba disgustar.

Doña Irene

Pues ¿no quiere usted que me disguste oyéndole hablar de mi hija en unos términos que...? ¡Ella otros amores ni otros cuidados!... Pues si tal hubiera... ¡Válgame Dios!... La mataba a golpes, mire usted... Respóndele, una vez que quiere que hables, y que yo no chiste. Cuéntale los novios que dejaste en Madrid cuando tenías doce años, y los que has adquirido en el convento al lado de aquella santa mujer. Díselo para que se tranquilice, y...

Don Diego

Yo, señora, estoy más tranquilo que usted.

Doña Irene

Respóndele.

Doña Francisca

Yo no sé qué decir. Si ustedes se enfadan...

Don Diego

No, hija mía; esto es dar alguna expresión a lo que se dice; pero enfadarnos, no por cierto. Doña Irene sabe lo que yo la estimo.

---

[42] *ramo del viento,* tributo que, en algunas poblaciones, pagaba el vendedor forastero por los géneros que vendía.

DOÑA IRENE

Sí, señor, que lo sé, y estoy sumamente agradecida a los favores que usted nos hace... Por eso mismo...

DON DIEGO

No se hable de agradecimiento; cuanto yo puedo hacer, todo es poco... Quiero sólo que doña Paquita esté contenta.

DOÑA IRENE

¿Pues no ha de estarlo? Responde.

DOÑA FRANCISCA

Sí, señor, que lo estoy.

DON DIEGO

Y que la mudanza de estado que se la previene no la cueste el menor sentimiento.

DOÑA IRENE

No, señor, todo al contrario... Boda más a gusto de todos no se pudiera imaginar.

DON DIEGO

En esa inteligencia, puedo asegurarla que no tendrá motivos de arrepentirse después. En nuestra compañía vivirá querida y adorada, y espero que a fuerza de beneficios he de merecer su estimación y su amistad.

DOÑA FRANCISCA

Gracias, señor don Diego... ¡A una huérfana, pobre, desvalida como yo!...

DON DIEGO

Pero de prendas tan estimables, que la hacen a usted digna todavía de mayor fortuna.

DOÑA IRENE

Ven aquí, ven... Ven aquí, Paquita.

DOÑA FRANCISCA

¡Mamá! (*Levántase, abraza a su madre y se acarician mutuamente.*)

DOÑA IRENE

¿Ves lo que te quiero?

DOÑA FRANCISCA

Sí, señora.

DOÑA IRENE

¿Y cuánto procuro tu bien, que no tengo otro pío [42 bis] sino el verte colocada antes que yo falte?

DOÑA FRANCISCA

Bien lo conozco.

DOÑA IRENE

¡Hija de mi vida! ¿Has de ser buena?

DOÑA FRANCISCA

Sí, señora.

DOÑA IRENE

¡Ay, que no sabes tú lo que te quiere tu madre!

DOÑA FRANCISCA

Pues ¿qué? ¿No la quiero yo a usted?

DON DIEGO

Vamos, vamos de aquí. (*Levántase* DON DIEGO, *y después* DOÑA IRENE.) No venga alguno y nos halle a los tres llorando como tres chiquillos.

[42 bis] *pío,* deseo vivo y ansioso de una cosa.

Doña Irene

Sí, dice usted bien. (*Vanse los dos al cuarto de* Doña Irene. Doña Francisca *va detrás, y* Rita, *que sale por la puerta del foro, la hace detener.*)

Escena VI

Doña Francisca, Rita

Rita

Señorita... ¡Eh!, chit... señorita...

Doña Francisca

¿Qué quieres?

Rita

Ya ha venido.

Doña Francisca

¿Cómo?

Rita

Ahora mismo acaba de llegar. Le he dado un abrazo con licencia de usted, y ya sube por la escalera.

Doña Francisca

¡Ay, Dios!... Y ¿qué debo hacer?

Rita

¡Donosa pregunta!... Vaya, lo que importa es no gastar el tiempo en melindres de amor... Al asunto... y juicio... Y mire usted que en el paraje en que estamos, la conversación no puede ser muy larga... Ahí está.

96

Doña Francisca

Sí... Él es.

Rita

Voy a cuidar de aquella gente... Valor, señorita, y resolución. (Rita *se va al cuarto de* Doña Irene.)

Doña Francisca

No, no, que yo también... Pero no lo merece.

Escena VII

Don Carlos, Doña Francisca

(*Sale* Don Carlos *por la puerta del foro*)

Don Carlos

¡Paquita!... ¡Vida mía! Ya estoy aquí... ¿Cómo va, hermosa, cómo va?

Doña Francisca

Bien venido.

Don Carlos

¿Cómo tan triste?... ¿No merece mi llegada más alegría?

Doña Francisca

Es verdad; pero acaban de sucederme cosas que me tienen fuera de mí... Sabe usted... Sí, bien lo sabe usted... Después de escrita aquella carta, fueron por mí... Mañana a Madrid... Ahí está mi madre.

Don Carlos

¿En dónde?

Doña Francisca

Ahí, en ese cuarto. (*Señalando al cuarto de* Doña Irene.)

Don Carlos

¿Sola?

Doña Francisca

No, señor.

Don Carlos

Estará en compañía del prometido esposo. (*Se acerca al cuarto de* Doña Irene, *se detiene y vuelve.*) Mejor... Pero, ¿no hay nadie más con ella?

Doña Francisca

Nadie más, solos están... ¿Qué piensa usted hacer?

Don Carlos

Si me dejase llevar de mi pasión y de lo que esos ojos me inspiran, una temeridad... Pero tiempo hay... Él también será hombre de honor, y no es justo insultarle porque quiere bien a una mujer tan digna de ser querida... Yo no conozco a su madre de usted ni... Vamos, ahora nada se puede hacer... Su decoro de usted merece la primera atención.

Doña Francisca

Es mucho el empeño que tiene en que me case con él.

Don Carlos

No importa.

Doña Francisca

Quiere que esta boda se celebre así que lleguemos a Madrid.

Don Carlos

¿Cuál?... No. Eso no.

Doña Francisca

Los dos están de acuerdo, y dicen...

Don Carlos

Bien... Dirán... Pero no puede ser.

Doña Francisca

Mi madre no me habla continuamente de otra materia. Me amenaza, me ha llenado de temor... Él insta por su parte, me ofrece tantas cosas, me...

Don Carlos

Y usted, ¿qué esperanza le da?... ¿Ha prometido quererle mucho?

Doña Francisca

¡Ingrato!... Pues ¿no sabe usted que...? ¡Ingrato!

Don Carlos

Sí, no lo ignoro, Paquita... Yo he sido el primer amor.

Doña Francisca

Y el último.

Don Carlos

Y antes perderé la vida, que renunciar al lugar que tengo en ese corazón... Todo él es mío... ¿Digo bien? (*Asiéndola de las manos.*)

Doña Francisca

¿Pues de quién ha de ser?

Don Carlos

¡Hermosa! ¡Qué dulce esperanza me anima!... Una sola palabra de esa boca me asegura... Para todo me da valor... En fin, ya estoy aquí... ¿Usted me llama para que la defienda, la libre, la cumpla una obligación mil y mil veces prometida? Pues a eso mismo vengo yo... Si ustedes se van a Madrid mañana, yo voy también. Su madre de usted sabrá quién soy... Allí puedo contar con el favor de un anciano respetable y virtuoso, a quien más que tío debo llamar amigo y padre. No tiene otro deudo más inmediato ni más querido que yo; es hombre muy rico, y si los dones de la fortuna tuviesen para usted algún atractivo, esta circunstancia añadiría felicidades a nuestra unión.

Doña Francisca

Y ¿qué vale para mí toda la riqueza del mundo?

Don Carlos

Ya lo sé. La ambición no puede agitar a un alma tan inocente.

Doña Francisca

Querer y ser querida... Ni apetezco más ni conozco mayor fortuna.

Don Carlos

Ni hay otra... Pero usted debe serenarse, y esperar que la suerte mude nuestra aflicción presente en durables dichas.

Doña Francisca

Y ¿qué se ha de hacer para que a mi pobre madre

no la cueste una pesadumbre?... ¡Me quiere tanto!...
Si acabo de decirla que no la disgustaré, ni me apar-
taré de su lado jamás; que siempre seré obediente y
buena... ¡Y me abrazaba con tanta ternura! Quedó
tan consolada con lo poco que acerté a decirla... Yo
no sé, no sé qué camino ha de hallar usted para salir
de estos ahogos.

Don Carlos

Yo le buscaré... ¿No tiene confianza en mí?

Doña Francisca

Pues ¿no he de tenerla? ¿Piensa usted que estu-
viera yo viva si esa esperanza no me animase? Sola
y desconocida de todo el mundo, ¿qué había yo de
hacer? Si usted no hubiese venido, mis melancolías
me hubieran muerto, sin tener a quién volver los ojos,
ni poder comunicar a nadie la causa de ellas... Pero
usted ha sabido proceder como caballero y amante, y
acaba de darme con su venida la prueba mayor de lo
mucho que me quiere. (*Se enternece y llora.*)

Don Carlos

¡Qué llanto!... ¡Cómo persuade!... Sí, Paquita, yo
solo basto para defenderla a usted de cuantos quieran
oprimirla. A un amante favorecido, ¿quién puede opo-
nérsele? Nada hay que temer.

Doña Francisca

¿Es posible?

Don Carlos

Nada... Amor ha unido nuestras almas en estrechos
nudos, y sólo la muerte bastará a dividirlas.

Escena VIII

Rita, Don Carlos, Doña Francisca

Rita

Señorita, adentro. La mamá pregunta por usted. Voy a traer la cena, y se van a recoger al instante... Y usted, señor galán, ya puede también disponer de su persona.

Don Carlos

Sí, que no conviene anticipar sospechas... Nada tengo que añadir.

Doña Francisca

Ni yo.

Don Carlos

Hasta mañana. Con la luz del día veremos a este dichoso competidor.

Rita

Un caballero muy honrado, muy rico, muy prudente; con su chupa larga, su camisola limpia y sus sesenta años debajo del peluquín. (*Se va por la puerta del foro.*)

Doña Francisca

Hasta mañana.

Don Carlos

Adiós, Paquita.

Doña Francisca

Acuéstese usted, y descanse.

Don Carlos

¿Descansar con celos?

Doña Francisca

¿De quién?

Don Carlos

Buenas noches... Duerma usted bien, Paquita.

Doña Francisca

¿Dormir con amor?

Don Carlos

Adiós, vida mía.

Doña Francisca

Adiós. (*Éntrase al cuarto de* Doña Irene.)

Escena IX

Don Carlos, Calamocha, Rita

Don Carlos

¡Quitármela! (*Paseándose con inquietud.*) No... Sea quien fuere, no me la quitará. Ni su madre ha de ser tan imprudente que se obstine en verificar este matrimonio repugnándolo su hija... mediando yo... ¡Sesenta años!... Precisamente será muy rico... ¡El dinero!... Maldito él sea, que tantos desórdenes origina.

CALAMOCHA

(*Sale* CALAMOCHA *por la puerta del foro.*) Pues, señor, tenemos un medio cabrito asado, y... a lo menos, parece cabrito. Tenemos una magnífica ensalada de berros, sin anapelos [43] ni otra materia extraña, bien lavada, escurrida y condimentada por estas manos pecadoras, que no hay más que pedir. Pan de Meco [44], vino de la Tercia [45]... Con que, si hemos de cenar y dormir, me parece que sería bueno...

DON CARLOS

Vamos... ¿Y adónde ha de ser?

CALAMOCHA

Abajo... Allí he mandado disponer una angosta y fementida mesa, que parece un banco de herrador.

RITA

(*Sale* RITA *por la puerta del foro con unos platos, taza, cucharas y servilleta.*)

¿Quién quiere sopas?

DON CARLOS

Buen provecho.

CALAMOCHA

Si hay alguna real moza que guste de cenar cabrito, levante el dedo.

RITA

La real moza se ha comido ya media cazuela de al-

---

[43] *anapelo* (o *napelo*), planta venenosa.
[44] *Meco,* villa de la provincia de Madrid, famosa por su pan.
[45] *Tercia del Camino,* concejo antiguo de la provincia y partido de León.

bondiguillas... Pero lo agradece, señor militar. (*Éntrase al cuarto de* DOÑA IRENE.)

CALAMOCHA

Agradecida te quiero yo, niña de mis ojos.

DON CARLOS

Conque, ¿vamos?

CALAMOCHA

¡Ay, ay, ay!... (CALAMOCHA *se encamina a la puerta del foro, y vuelve; se acerca a* DON CARLOS *y hablan hasta el fin de la escena, en que* CALAMOCHA *se adelanta a saludar a* SIMÓN.) ¡Eh! ¡Chit! Digo...

DON CARLOS

¿Qué?

CALAMOCHA

¿No ve usted lo que viene por allí?

DON CARLOS

¿Es Simón?

CALAMOCHA

El mismo... Pero, ¿quién diablos le...?

DON CARLOS

¿Y qué haremos?

CALAMOCHA

¿Qué sé yo?... Sonsacarle, mentir y... ¿Me da usted licencia para que...?

DON CARLOS

Sí, miente lo que quieras... ¿A qué habrá venido este hombre?

Escena X

Simón, Don Carlos, Calamocha

(Simón *sale por la puerta del foro.*)

Calamocha

Simón, ¿tú por aquí?

Simón

Adiós, Calamocha. ¿Cómo va?

Calamocha

Lindamente.

Simón

¡Cuánto me alegro de...!

Calamocha

¡Hombre! ¿Tú en Alcalá? ¿Pues qué novedad es ésta?

Simón

¡Oh, que estaba usted ahí, señorito! ¡Voto a sanes! [45 bis]

Don Carlos

¿Y mi tío?

Simón

Tan bueno.

[45 bis] *sanes,* plural de *san* que sólo tiene uso en expresiones familiares.

106

CALAMOCHA

Pero, ¿se ha quedado en Madrid, o...?

SIMÓN

¿Quién me había de decir a mí...? ¡Cosa como ella! Tan ajeno estaba yo ahora de... Y usted, de cada vez más guapo... Conque usted irá a ver al tío, ¿eh?

CALAMOCHA

Tú habrás venido con algún encargo del amo.

SIMÓN

¡Y qué calor traje, y qué polvo por ese camino! ¡Ya, ya!

CALAMOCHA

Alguna cobranza tal vez, ¿eh?

DON CARLOS

Puede ser. Como tiene mi tío ese poco de hacienda en Ajalvir [46]... ¿No has venido a eso?

SIMÓN

¡Y qué buena maula le ha salido el tal administrador! Labriego más marrullero y más bellaco no le hay en toda la campiña... Conque ¿usted viene ahora de Zaragoza?

DON CARLOS

Pues... figúrate tú.

SIMÓN

¿O va usted allá?

[46] *Ajalvir*, pueblo de la provincia de Madrid.

Don Carlos

¿A dónde?

Simón

A Zaragoza. ¿No está allí el regimiento?

Calamocha

Pero, hombre, si salimos el verano pasado de Madrid, ¿no habíamos de haber andado más de cuatro leguas?

Simón

¿Qué sé yo? Algunos van por la posta, y tardan más de cuatro meses en llegar... Debe de ser un camino muy malo.

Calamocha

(*Aparte, separándose de* Simón. ¡Maldito seas tú, y tu camino, y la bribona que te dio papilla!)

Don Carlos

Pero aún no me has dicho si mi tío está en Madrid o en Alcalá, ni a qué has venido, ni...

Simón

Bien, a eso voy... Sí señor, voy a decir a usted... Conque... Pues el amo me dijo...

Escena XI

Don Diego, Don Carlos, Simón, Calamocha

Don Diego

(*Desde adentro.*) No, no es menester; si hay luz aquí. Buenas noches, Rita. (Don Carlos *se turba, y se aparta a un extremo del teatro.*)

DON CARLOS

¡Mi tío!
(*Sale* DON DIEGO *del cuarto de* DOÑA IRENE, *encaminándose al suyo; repara en* DON CARLOS, *y se acerca a él.* SIMÓN *le alumbra, y vuelve a dejar la luz sobre la mesa.*)

DON DIEGO

¡Simón!

SIMÓN

Aquí estoy, señor.

DON CARLOS

(*Aparte:* ¡Todo se ha perdido!)

DON DIEGO

Vamos... Pero... ¿quién es?

SIMÓN

Un amigo de usted, señor.

DON CARLOS

(*Aparte:* Yo estoy muerto.)

DON DIEGO

¿Cómo un amigo?... ¿Qué?... Acerca esa luz.

DON CARLOS

¡Tío! (*En ademán de besar la mano a* DON DIEGO, *que le aparta de sí con enojo.*)

DON DIEGO

Quítate de ahí.

DON CARLOS

Señor.

DON DIEGO

Quítate... No sé cómo no le... ¿Qué haces aquí?

DON CARLOS

Si usted se altera y...

DON DIEGO

¿Qué haces aquí?

DON CARLOS

Mi desgracia me ha traído.

DON DIEGO

¡Siempre dándome que sentir, siempre! Pero...
(*Acercándose a* DON CARLOS.) ¿Qué dices? ¿De veras ha ocurrido alguna desgracia? Vamos... ¿Qué te
sucede?... ¿Por qué estás aquí?

CALAMOCHA

Porque le tiene a usted ley, y le quiere bien, y...

DON DIEGO

A ti no te pregunto nada... ¿Por qué has venido
de Zaragoza sin que yo lo sepa?... ¿Por qué te asusta el verme?... Algo has hecho: sí, alguna locura has
hecho que le habrá de costar la vida a tu pobre tío.

DON CARLOS

No, señor, que nunca olvidaré las máximas de honor y prudencia que usted me ha inspirado tantas
veces.

DON DIEGO

Pues ¿a qué viniste? ¿Es desafío? ¿Son deudas? ¿Es algún disgusto con tus jefes?... Sácame de esta inquietud, Carlos... Hijo mío, sácame de este afán.

CALAMOCHA

Si todo ello no es más que...

DON DIEGO

Ya he dicho que calles... Ven acá. (*Tomándole de la mano se aparta con él a un extremo del teatro y le habla en voz baja.*) Dime qué ha sido.

DON CARLOS

Una ligereza, una falta de sumisión a usted. Venir a Madrid sin pedirle licencia primero... Bien arrepentido estoy, considerando la pesadumbre que le he dado al verme.

DON DIEGO

¿Y qué otra cosa hay?

DON CARLOS

Nada más, señor.

DON DIEGO

Pues ¿qué desgracia era aquella de que me hablaste?

DON CARLOS

Ninguna. La de hallarle a usted en este paraje... y haberle disgustado tanto, cuando yo esperaba sorprenderle en Madrid, estar en su compañía algunas semanas, y volverme contento de haberle visto...

111

Don Diego

¿No hay más?

Don Carlos

No, señor.

Don Diego

Míralo bien.

Don Carlos

No, señor... A eso venía. No hay nada más.

Don Diego

Pero no me digas tú a mí... Si es imposible que estas escapadas se... No, señor... ¿Ni quién ha de permitir que un oficial se vaya cuando se le antoje, y abandone de ese modo sus banderas?... Pues si tales ejemplos se repitieran mucho, adiós disciplina militar... Vamos... Eso no puede ser.

Don Carlos

Considere usted, tío, que estamos en tiempo de paz; que en Zaragoza no es necesario un servicio tan exacto como en otras plazas, en que no se permite descanso a la guarnición... Y, en fin, puede usted creer que este viaje supone la aprobación y la licencia de mis superiores; que yo también miro por mi estimación, y que cuando me he venido, estoy seguro de que no hago falta.

Don Diego

Un oficial siempre hace falta a sus soldados. El rey le tiene allí para que los instruya, los proteja y les dé ejemplos de subordinación, de valor, de virtud.

Don Carlos

Bien está; pero ya he dicho los motivos...

Don Diego

Todos esos motivos no valen nada... ¡Porque le dio la gana de ver al tío!... Lo que quiere su tío de usted no es verle cada ocho días, sino saber que es hombre de juicio, y que cumple con sus obligaciones. Eso es lo que quiere... Pero (*Alza la voz, y se pasea inquieto.*) yo tomaré mis medidas para que estas locuras no se repitan otra vez... Lo que usted ha de hacer ahora es marcharse inmediatamente.

Don Carlos

Señor, si...

Don Diego

No hay remedio... Y ha de ser al instante. Usted no ha de dormir aquí.

Calamocha

Es que los caballos no están ahora para correr... Ni pueden moverse.

Don Diego

Pues con ellos (*A* Calamocha) y con las maletas al mesón de afuera. Usted (*A* Don Carlos) no ha de dormir aquí... Vamos (*A* Calamocha) tú, buena pieza, menéate. Abajo con todo. Pagar el gasto que se haya hecho, sacar los caballos y marchar... Ayúdale tú... (*A* Simón.) ¿Qué dinero tienes ahí?

Simón

Tendré unas cuatro o seis onzas. (*Saca de un bolsillo algunas monedas y se las da a* Don Diego.)

113

Don Diego

Dámelas acá... Vamos, ¿qué haces?... (*A* Calamocha.) ¿No he dicho que ha de ser al instante? Volando. Y tú (*A* Simón) ve con él, ayúdale, y no te me apartes de allí hasta que se hayan ido. (*Los dos criados entran en el cuarto de* Don Carlos.)

Escena XII

Don Diego, Don Carlos

Don Diego

Tome usted. (*Le da el dinero.*) Con eso hay bastante para el camino... Vamos, que cuando yo lo dispongo así, bien sé lo que me hago... ¿No conoces que es todo por tu bien, y que ha sido un desatino lo que acabas de hacer?... Y no hay que afligirse por eso, ni creas que es falta de cariño... Ya sabes lo que te he querido siempre; y en obrando tú según corresponde, seré tu amigo como lo he sido hasta aquí.

Don Carlos

Ya lo sé.

Don Diego

Pues bien, ahora obedece lo que te mando.

Don Carlos

Lo haré sin falta.

Don Diego

Al mesón de afuera. (*A los [dos] criados, que salen con los trastos del cuarto de* Don Carlos, *y se van por la puerta del foro.*) Allí puedes dormir mientras los caballos comen y descansan... Y no me vuelvas aquí por ningún pretexto ni entres en la ciudad... ¡cuidado! Y a eso de las tres o las cuatro, marchar. Mira que [yo] he de saber a la hora que sales. ¿Lo entiendes?

DON CARLOS

Sí, señor.

DON DIEGO

Mira que lo has de hacer.

DON CARLOS

Sí, señor; haré lo que usted manda.

DON DIEGO

Muy bien... Adiós... Todo te lo perdono... Vete con Dios... Y yo sabré también cuándo llegas a Zaragoza; no te parezca que estoy ignorante de lo que hiciste la vez pasada.

DON CARLOS

Pues ¿qué hice yo?

DON DIEGO

Si te digo que lo sé, y que te lo perdono, ¿qué más quieres? No es tiempo ahora de tratar de eso. Vete.

DON CARLOS

Quede usted con Dios. (*Hace que se va, y vuelve.*)

DON DIEGO

Sin besar la mano a su tío, ¿eh?

DON CARLOS

No me atreví. (*Besa la mano a* DON DIEGO, *y se abrazan.*)

DON DIEGO

Y dame un abrazo, por si no nos volvemos a ver.

DON CARLOS

¿Qué dice usted? ¡No lo permita Dios!

DON DIEGO

¡Quién sabe, hijo mío! ¿Tienes algunas deudas? ¿Te falta algo?

DON CARLOS

No, señor, ahora no.

DON DIEGO

Mucho es, porque tú siempre tiras por largo... Como cuentas con la bolsa del tío... Pues bien, yo escribiré al señor Aznar para que te dé cien doblones de orden mía. Y mira cómo los gastas... ¿Juegas?

DON CARLOS

No, señor, en mi vida.

DON DIEGO

Cuidado con eso... Con que, buen viaje. Y no te acalores: jornadas regulares, y nada más... ¿Vas contento?

DON CARLOS

No, señor. Porque usted me quiere mucho, me llena de beneficios, y yo le pago mal.

116

DON DIEGO

No se hable ya de lo pasado... Adiós.

DON CARLOS

¿Queda usted enojado conmigo?

DON DIEGO

No, no por cierto... Me disgusté bastante, pero ya se acabó... No me des que sentir. (*Poniéndole ambas manos sobre los hombros.*) Portarse como hombre de bien.

DON CARLOS

No lo dude usted.

DON DIEGO

Como oficial de honor.

DON CARLOS

Así lo prometo.

DON DIEGO

Adiós, Carlos. (*Abrázanse.*)

DON CARLOS

(*Aparte, al irse por la puerta del foro:* ¡Y la dejo!... ¡Y la pierdo para siempre!)

ESCENA XIII

DON DIEGO

DON DIEGO

Demasiado bien se ha compuesto [dispuesto]... Luego lo sabrá enhorabuena... Pero no es lo mismo escribírselo que... Después de hecho, no importa nada... ¡Pero siempre aquel respeto al tío!... Como una malva es. (*Se enjuga las lágrimas, toma la luz y se va a su cuarto. El teatro queda solo y oscuro por un breve espacio.*)

ESCENA XIV

DOÑA FRANCISCA, RITA

(*Salen del cuarto de* DOÑA IRENE. RITA *sacará una luz y la pone encima de la mesa.*)

RITA

Mucho silencio hay por aquí.

DOÑA FRANCISCA

Se habrán recogido ya... Estarán rendidos.

RITA

Precisamente.

DOÑA FRANCISCA

¡Un camino tan largo!

RITA

¡A lo que obliga el amor, señorita!

DOÑA FRANCISCA

Sí, bien puedes decirlo: amor... Y yo, ¿qué no hiciera por él?

RITA

Y deje usted, que no ha de ser este el último milagro. Cuando lleguemos a Madrid, entonces será ella... El pobre don Diego, ¡qué chasco se va a llevar! Y por otra parte, vea usted qué señor tan bueno, que cierto da lástima...

DOÑA FRANCISCA

Pues en eso consiste todo. Si él fuese un hombre despreciable, ni mi madre hubiera admitido su pretensión, ni yo tendría que disimular mi repugnancia... Pero ya es otro tiempo, Rita. Don Félix ha venido, y ya no temo a nadie. Estando mi fortuna en su mano, me considero la más dichosa de las mujeres.

RITA

¡Ay!, ahora que me acuerdo... Pues poquito me lo encargó... Ya se ve, si con estos amores tengo yo también la cabeza... Voy por él. (*Encaminándose al cuarto de* DOÑA IRENE.)

DOÑA FRANCISCA

¿A qué vas?

RITA

El tordo, que ya se me olvidaba sacarle de allí.

DOÑA FRANCISCA

Sí, tráele, no empiece a rezar como anoche... Allí

119

quedó junto a la ventana... Y ve con cuidado, no despierte mamá.

RITA

Sí, mire usted el estrépito de caballerías que anda por allá abajo... Hasta que lleguemos a nuestra calle del Lobo [47], número siete, cuarto segundo, no hay que pensar en dormir... Y ese maldito portón, que rechina que...

DOÑA FRANCISCA

Te puedes llevar la luz.

RITA

No es menester, que ya sé dónde está. (*Vase al cuarto de* DOÑA IRENE.)

ESCENA XV

SIMÓN, DOÑA FRANCISCA

(*Sale por la puerta del foro* SIMÓN)

DOÑA FRANCISCA

Yo pensé que estaban ustedes acostados.

SIMÓN

El amo ya habrá hecho esa diligencia; pero yo todavía no sé en dónde he de tender el rancho... Y buen sueño que tengo.

DOÑA FRANCISCA

¿Qué gente nueva ha llegado ahora?

[47] *calle del Lobo*, denominada ahora de Echegaray.

Simón

Nadie. Son unos que estaban ahí, y se han ido.

Doña Francisca

¿Los arrieros?

Simón

No, señora. Un oficial y un criado suyo, que parece que se van a Zaragoza.

Doña Francisca

¿Quiénes dice usted que son?

Simón

Un teniente coronel [un oficial de caballería] y su asistente.

Doña Francisca

¿Y estaban aquí?

Simón

Sí, señora; ahí en ese cuarto.

Doña Francisca

No los he visto.

Simón

Parece que llegaron esta tarde y... A la cuenta habrán despachado ya la comisión que traían... Con que se han ido... Buenas noches, señorita. (*Vase al cuarto de* Don Diego.)

Escena XVI

Doña Francisca, Rita

Doña Francisca

¡Dios mío de mi alma! ¿Qué es esto?... No puedo sostenerme... ¡Desdichada! (*Siéntase en una silla junto a la mesa.*)

Rita

Señorita, yo vengo muerta. (*Saca la jaula del tordo y la deja encima de la mesa; abre la puerta del cuarto de* Don Carlos *y vuelve.*)

Doña Francisca

¡Ay, que es cierto!... ¿Tú lo sabes también?

Rita

Deje usted que todavía no creo lo que he visto... Aquí no hay nadie... Ni maletas, ni ropa, ni... Pero ¿cómo podía engañarme? Si yo misma los he visto salir.

Doña Francisca

¿Y eran ellos?

Rita

Sí, señora. Los dos.

Doña Francisca

Pero ¿se han ido fuera de la ciudad?

Rita

Si no los he perdido de vista hasta que salieron por Puerta de Mártires... Como está un paso de aquí.

DOÑA FRANCISCA

Y es ese el camino de Aragón?

RITA

Ése es.

DOÑA FRANCISCA

¡Indigno!... ¡Hombre indigno!

RITA

Señorita...

DOÑA FRANCISCA

¿En qué te ha ofendido esta infeliz?

RITA

Yo estoy temblando toda... Pero... Si es incomprensible... Si no alcanzo a descubrir qué motivos ha podido haber para esta novedad.

DOÑA FRANCISCA

¿Pues no le quise más que a mi vida?... ¿No me ha visto loca de amor?

RITA

No sé qué decir al considerar una acción tan infame.

DOÑA FRANCISCA

¿Qué has de decir? Que no me ha querido nunca, ni es hombre de bien... ¿Y vino para esto? ¡Para engañarme, para abandonarme así!... (*Levántase, y* RITA *la sostiene.*)

RITA

Pensar que su venida fue con otro designio, no me

parece natural... Celos... ¿Por qué ha de tener celos?... Y aun eso mismo debiera enamorarle más... Él no es cobarde, y no hay que decir que habrá tenido miedo de su competidor.

DOÑA FRANCISCA

Te cansas en vano... Di que es un pérfido, di que es un monstruo de crueldad, y todo lo has dicho.

RITA

Vamos de aquí, que puede venir alguien y...

DOÑA FRANCISCA

Sí, vámonos... Vamos a llorar... Y ¡en qué situación me deja!... Pero ¿ves qué malvado?

RITA

Sí, señora; ya lo conozco.

DOÑA FRANCISCA

¡Qué bien supo fingir!... ¿Y con quién? Conmigo... Pues ¿yo merecí ser engañada tan alevosamente?... ¿Mereció mi cariño este galardón?... ¡Dios de mi vida! ¿Cuál es mi delito, cuál es? (RITA *coge la luz y se van entrambas al cuarto de* DOÑA FRANCISCA.)

ACTO TERCERO

ESCENA PRIMERA

DON DIEGO, SIMÓN

(*Teatro oscuro. Sobre la mesa habrá un candelero con vela apagada y la jaula del tordo.* SIMÓN *duerme tendido en el banco*)

DON DIEGO

(*Sale de su cuarto acabándose de poner la bata.*) Aquí, a lo menos, ya que no duerma, no me derretiré... Vaya, si alcoba como ella no se... ¡Cómo ronca éste!... Guardémosle el sueño hasta que venga el día, que ya poco puede tardar... (SIMÓN *despierta y se levanta.*) ¿Qué es eso? Mira no te caigas, hombre.

SIMÓN

Qué, ¿estaba usted ahí, señor?

DON DIEGO

Sí, aquí me he salido, porque allí no se puede parar.

SIMÓN

Pues yo, a Dios gracias, aunque la cama es algo dura, he dormido como un emperador.

DON DIEGO

¡Mala comparación!... Di que has dormido como

125

un pobre hombre, que no tiene ni dinero, ni ambición, ni pesadumbres, ni remordimientos.

SIMÓN

En efecto, dice usted bien... ¿Y qué hora será ya?

DON DIEGO

Poco ha que sonó el reloj de San Justo, y, si no conté mal, dio las tres.

SIMÓN

¡Oh!, pues ya nuestros caballeros irán por ese camino adelante echando chispas.

DON DIEGO

Sí, ya es regular que hayan salido... Me lo prometió, y espero que lo hará.

SIMÓN

¡Pero si usted viera qué apesadumbrado le dejé! ¡Qué triste!

DON DIEGO

Ha sido preciso.

SIMÓN

Ya lo conozco.

DON DIEGO

¿No ves qué venida tan intempestiva?

SIMÓN

Es verdad. Sin permiso de usted, sin avisarle, sin haber un motivo urgente... Vamos, hizo muy mal... Bien que por otra parte él tiene prendas suficientes

126

para que se le perdone esta ligereza... Digo... Me parece que el castigo no pasará adelante, ¿eh?

DON DIEGO

¡No, qué...! No señor. Una cosa es que le haya hecho volver... Ya ves en qué circunstancias nos cogía... Te aseguro que cuando se fue me quedó un ansia en el corazón. (*Suenan a lo lejos tres palmadas, y poco después se oye que puntean un instrumento.*) ¿Qué ha sonado?

SIMÓN

No sé... Gente que pasa por la calle. Serán labradores.

DON DIEGO

Calla.

SIMÓN

Vaya, música tenemos, según parece.

DON DIEGO

Sí, como lo hagan bien.

SIMÓN

Y ¿quién será el amante infeliz que se viene a gorjear a estas horas en ese callejón tan puerco?... Apostaré que son amores con la moza de la posada, que parece un mico.

DON DIEGO

Puede ser.

SIMÓN

Ya empiezan. Oigamos... (*Tocan una sonata desde*

127

adentro.) [18] Pues dígole a usted que toca muy lindamente el pícaro del barberillo.

DON DIEGO

No; no hay barbero que sepa hacer eso, por muy bien que afeite.

SIMÓN

¿Quiere usted que nos asomemos un poco, a ver...?

DON DIEGO

No, dejarlos... ¡Pobre gente! ¡Quién sabe la importancia que darán ellos a la tal música!... No gusto yo de incomodar a nadie. (*Salen de su cuarto* DOÑA FRANCISCA *y* RITA, *encaminándose a la ventana.* DON DIEGO *y* SIMÓN *se retiran a un lado, y observan.*)

SIMÓN

¡Señor!... ¡Eh!... Presto, aquí a un ladito.

DON DIEGO

¿Qué quieres?

---

[18] En la primera edición (1805) el texto se amplía haciendo oír la canción de don Carlos:

> Si duerme y reposa
> la bella que adoro,
> su paz deliciosa
> no turbe mi lloro,
> y en sueños, corónela
> de dichas, Amor.
> Pero si su mente
> vagando delira,
> si me llama ausente,
> si celosa expira,
> diréla mi bárbaro,
> mi fiero dolor.

Que han abierto la puerta de esa alcoba, y huele a
faldas que trasciende.

Don Diego

¿Sí?... Retirémonos.

Escena II

Doña Francisca, Rita, Don Diego, Simón

Rita

Con tiento, señorita.

Doña Francisca

Siguiendo la pared, ¿no voy bien? (*Vuelven a tocar
el instrumento.*)

Rita

Sí, señora... Pero vuelven a tocar... Silencio...

Doña Francisca

No te muevas... Deja... Sepamos primero si es él.

Rita

¿Pues no ha de ser?... La seña no puede mentir.

Doña Francisca

Calla. Sí, él es... ¡Dios mío! (*Acércase* Rita *a la
ventana, abre la vidriera y da tres palmadas. Cesa la
música.*) Ve, responde... Albricias, corazón. Él es.

SIMÓN

¿Ha oído usted?

DON DIEGO

Sí.

SIMÓN

¿Qué querrá decir esto?

DON DIEGO

Calla. (DOÑA FRANCISCA *se asoma a la ventana.*
RITA *se queda detrás de ella.*)

(*Los puntos suspensivos indican las interrupciones
más o menos largas que deben hacerse.*)

DOÑA FRANCISCA

Yo soy... Y ¿qué había de pensar viendo lo que
usted acaba de hacer?... ¿Qué fuga es ésta? Rita
(*Apártase de la ventana, y vuelve después a asomarse*), amiga, por Dios, ten cuidado, y si oyeres algún rumor, al instante avísame... ¿Para siempre?
¡Triste de mí! Bien está, tírela usted... Pero yo no acabo de entender... ¡Ay, don Félix!, nunca le he visto a
usted tan tímido... (*Tiran desde adentro una carta
que cae por la ventana al teatro.* DOÑA FRANCISCA *la
busca y, no hallándola vuelve a asomarse.*) No, no
la he cogido; pero aquí está sin duda... ¿Y no he de
saber yo hasta que llegue el día los motivos que tiene
usted para dejarme muriendo?... Sí, yo quiero saberlo
de su boca de usted. Su Paquita de usted se lo manda... Y ¿cómo le parece a usted que estará el mío?...
No me cabe en el pecho... Diga usted. (SIMÓN *se adelanta un poco, tropieza en la jaula y la deja caer.*)

RITA

Señorita, vamos de aquí... Presto, que hay gente.

130

Doña Francisca

Infeliz de mí!... Guíame.

Rita

Vamos... (*Al retirarse tropieza con* Simón. *Las dos se van al cuarto de* Doña Francisca.) ¡Ay!

Doña Francisca

¡Muerta voy!

Escena III

Don Diego, Simón

Don Diego

¿Qué grito fue ése?

Simón

Una de las fantasmas, que al retirarse tropezó conmigo.

Don Diego

Acércate a esa ventana, y mira si hallas en el suelo un papel... ¡Buenos estamos!

Simón

(*Tentando por el suelo, cerca de la ventana.*) No encuentro nada, señor.

Don Diego

Búscale bien, que por ahí ha de estar.

SIMÓN

¿Le tiraron desde la calle?

DON DIEGO

Sí... ¿Qué amante es éste? ¡Y dieciséis años y criada en un convento! Acabó ya toda mi ilusión.

SIMÓN

Aquí está. (*Halla la carta, y se la da a* DON DIEGO.)

DON DIEGO

Vete abajo, y enciende una luz... En la caballeriza o en la cocina... Por ahí habrá algún farol... Y vuelve con ella al instante. (*Vase* SIMÓN *por la puerta del foro.*)

ESCENA IV

DON DIEGO

DON DIEGO

¿Y a quién debo culpar? (*Apoyándose en el respaldo de una silla.*) ¿Es ella la delincuente, o su madre, o sus tías, o yo?... ¿Sobre quién..., sobre quién ha de caer esta cólera, que por más que lo procuro no la sé reprimir...? ¡La Naturaleza la hizo tan amable a mis ojos...! ¡Qué esperanzas tan halagüeñas concebí! ¡Qué felicidades me prometía...! ¡Celos...! ¿Yo...? ¡En qué edad tengo celos...! Vergüenza es... Pero esta inquietud que yo siento, esta indignación, estos deseos de venganza, ¿de qué provienen? ¿Cómo he de llamarlos? Otra vez parece que... (*Advirtiendo que suena ruido en la puerta del cuarto de* DOÑA FRANCISCA *se retira a un extremo del teatro.*) Sí.

ESCENA V

DON DIEGO, RITA, SIMÓN

RITA

Ya se han ido... (*Observa, escucha, asómase después a la ventana y busca la carta por el suelo.*) ¡Válgame Dios...! El papel estará muy bien escrito, pero el señor don Félix es un grandísimo picarón... ¡Pobrecita de mi alma!... Se muere sin remedio... Nada, ni perros parecen por la calle... ¡Ojalá no los hubiéramos conocido! ¿Y este maldito papel?... Pues buena la hiciéramos si no pareciese... ¿Qué dirá?... Mentiras, mentiras, y todo mentira.

SIMÓN

Ya tenemos luz. (*Sale con luz.* RITA *se sorprende.*)

RITA

¡Perdida soy!

DON DIEGO

(*Acercándose.*) ¡Rita! ¿Pues tú aquí?

RITA

Sí, señor, porque...

DON DIEGO

¿Qué buscas a estas horas?

RITA

Buscaba... Yo le diré a usted... Porque oímos un ruido muy grande...

¿Sí, eh?

RITA

Cierto... Un ruido y... mire usted (*Alza la jaula, que está en el suelo*), era la jaula del tordo... Pues la jaula era, no tiene duda. ¡Válgate Dios! ¿Si se habrá muerto? No, vivo está, vaya... Algún gato habrá sido. Preciso.

SIMÓN

Sí, algún gato.

RITA

¡Pobre animal! ¡Y qué asustadillo se conoce que está todavía!

SIMÓN

Y con mucha razón... ¿No te parece, si le hubiera pillado el gato?...

RITA

Se le hubiera comido. (*Cuelga la jaula de un clavo que habrá en la pared.*)

SIMÓN

Y sin pebre... [49] ni plumas hubiera dejado.

DON DIEGO

Tráeme esa luz.

RITA

¡Ah! Deje usted, encenderemos ésta (*Enciende la vela que está sobre la mesa*), que ya lo que no se ha dormido...

---

[49] *pebre*, salsa en que entran pimienta, ajo, perejil y vinagre, y con la cual se sazonan diversas viandas.

Don Diego

Y doña Paquita, ¿duerme?

Rita

Sí, señor.

Simón

Pues mucho es que con el ruido del tordo...

Don Diego

Vamos. (*Se entra en su cuarto.* Simón *va con él, llevándose una de las luces.*)

Escena VI

Doña Francisca, Rita

Doña Francisca

(*Saliendo de su cuarto.*) ¿Ha parecido el papel?

Rita

No, señora.

Doña Francisca

¿Y estaban aquí los dos cuando tú saliste?

Rita

Yo no lo sé. Lo cierto es que el criado sacó una luz, y me hallé de repente como por máquina [50], entre él y

---

[50] *máquina,* tramoya del teatro para las transformaciones de la escena.

su amo, sin poder escapar, ni saber qué disculpa darles. (*Coge la luz y vuelve a buscar la carta, cerca de la ventana.*)

Doña Francisca

Ellos eran sin duda... Aquí estarían cuando yo hablé desde la ventana... ¿Y ese papel...?

Rita

Yo no lo encuentro, señorita.

Doña Francisca

Le tendrán ellos, no te canses... Si es lo único que faltaba a mi desdicha... No le busques. Ellos le tienen.

Rita

A lo menos por aquí...

Doña Francisca

¡Yo estoy loca! (*Siéntase.*)

Rita

Sin haberse explicado este hombre, ni decir siquiera...

Doña Francisca

Cuando iba a hacerlo, me avisaste, y fue preciso retirarnos... Pero ¿sabes tú con qué temor me habló, qué agitación mostraba? Me dijo que en aquella carta vería yo los motivos justos que le precisaban a volverse; que la había escrito para dejársela a persona fiel que la pusiera en mis manos, suponiendo que el verme sería imposible. Todo engaños, Rita, de un hombre aleve que prometió lo que no pensaba cumplir... Vino, halló un competidor, y diría: Pues yo, ¿para qué he de molestar a nadie ni hacerme ahora defensor de una mujer?... ¡Hay tantas mujeres!... Cásenla... Yo nada pierdo... Primero es mi tranquilidad que la vida de esa infeliz. ¡Dios mío, perdón...! ¡Perdón de haberle querido tanto!

RITA

¡Ay, señorita! (*Mirando hacia el cuarto de* DON DIEGO.) Que parece que salen ya.

DOÑA FRANCISCA

No importa, déjame.

RITA

Pero si don Diego la ve a usted de esa manera...

DOÑA FRANCISCA

Si todo se ha perdido ya, ¿qué puedo temer?... ¿Y piensas tú que tengo alientos para levantarme?... Que vengan, nada importa.

ESCENA VII

DON DIEGO, DOÑA FRANCISCA, SIMÓN, RITA

SIMÓN

Voy enterado, no es menester más.

DON DIEGO

Mira, y haz que ensillen inmediatamente al Moro, mientras tú vas allá. Si han salido, vuelves, montas a caballo y en una buena carrera que des, los alcanzas...

Los dos aquí, ¿eh…? Conque, vete, no se pierda tiempo. (*Después de hablar los dos, junto al cuarto de* DON DIEGO, *se va* SIMÓN *por la puerta del foro.*)

SIMÓN

Voy allá.

DON DIEGO

Mucho se madruga, doña Paquita.

DOÑA FRANCISCA

Sí, señor.

DON DIEGO

¿Ha llamado ya doña Irene?

DOÑA FRANCISCA

No, señor… (*A* RITA.) Mejor es que vayas allá, por si ha despertado y se quiere vestir. (RITA *se va al cuarto de* DOÑA IRENE.)

ESCENA VIII

DON DIEGO, DOÑA FRANCISCA

DON DIEGO

¿Usted no habrá dormido bien esta noche?

DOÑA FRANCISCA

No, señor. ¿Y usted?

Don Diego

Tampoco.

Doña Francisca

Ha hecho demasiado calor.

Don Diego

¿Está usted desazonada?

Doña Francisca

Alguna cosa.

Don Diego

¿Qué siente usted? (*Siéntase junto a* Doña Francisca.)

Doña Francisca

No es nada... Así un poco de... Nada... no tengo nada.

Don Diego

Algo será; porque la veo a usted muy abatida, llorosa, inquieta... ¿Qué tiene usted, Paquita? ¿No sabe usted que la quiero tanto?

Doña Francisca

Sí, señor.

Don Diego

Pues ¿por qué no hace usted más confianza de mí? ¿Piensa usted que no tendré yo mucho gusto en hallar ocasiones de complacerla?

Doña Francisca

Ya lo sé.

Don Diego

¿Pues cómo, sabiendo que tiene usted un amigo, no desahoga con él su corazón?

Doña Francisca

Porque eso mismo me obliga a callar.

Don Diego

Eso quiere decir que tal vez soy yo la causa de su pesadumbre de usted.

Doña Francisca

No, señor; usted en nada me ha ofendido... No es de usted de quien yo me debo quejar.

Don Diego

Pues ¿de quién, hija mía?... Venga usted acá... (*Acércase más.*) Hablemos siquiera una vez sin rodeos ni disimulación... Dígame usted: ¿no es cierto que usted mira con algo de repugnancia este casamiento que se la propone? ¿Cuánto va que si la dejasen a usted entera libertad para la elección, no se casaría conmigo?

Doña Francisca

Ni con otro.

Don Diego

¿Será posible que usted no conozca otro más amable que yo, que la quiera bien, y que la corresponda como usted merece?

Doña Francisca

No, señor; no, señor.

Don Diego

Mírelo usted bien.

Doña Francisca

¿No le digo a usted que no?

Don Diego

¿Y he de creer, por dicha, que conserve usted tal inclinación al retiro en que se ha criado, que prefiera la austeridad del convento a una vida más...?

Doña Francisca

Tampoco; no, señor... Nunca he pensado así.

Don Diego

No tengo empeño de saber más... Pero de todo lo que acabo de oír resulta una gravísima contradicción. Usted no se halla inclinada al estado religioso, según parece. Usted me asegura que no tiene queja ninguna de mí, que está persuadida de lo mucho que la estimo, que no piensa casarse con otro, ni debo recelar que nadie me dispute su mano... Pues ¿qué llanto es ése? ¿De dónde nace esa tristeza profunda, que en tan poco tiempo ha alterado su semblante de usted, en términos que apenas le reconozco? ¿Son éstas las señales de quererme exclusivamente a mí, de casarse gustosa conmigo dentro de pocos días? ¿Se anuncian así la alegría y el amor? (*Vase iluminando lentamente el teatro, suponiendo que viene la luz del día.*)

Doña Francisca

Y ¿qué motivos le he dado a usted para tales desconfianzas?

Don Diego

Pues ¿qué? Si yo prescindo de estas consideraciones,

si apresuro las diligencias de nuestra unión, si su madre de usted sigue aprobándola y llega el caso de...

Doña Francisca

Haré lo que mi madre me manda, y me casaré con usted.

Don Diego

¿Y después, Paquita?

Doña Francisca

Después..., y mientras me dure la vida, seré mujer de bien.

Don Diego

Eso no lo puedo yo dudar... Pero si usted me considera como el que ha de ser hasta la muerte su compañero y su amigo, dígame usted: esos títulos, ¿no me dan algún derecho para merecer de usted mayor confianza? ¿No he de lograr que usted me diga la causa de su dolor? Y no para satisfacer una impertinente curiosidad, sino para emplearme todo en su consuelo, en mejorar su suerte, en hacerla dichosa, si mi conato y mis diligencias pudiesen tanto.

Doña Francisca

¡Dichas para mí!... Ya se acabaron.

Don Diego

¿Por qué?

Doña Francisca

Nunca diré por qué.

Don Diego

Pero ¡qué obstinado, qué imprudente silencio...!

142

Cuando usted misma debe presumir que no estoy ignorante de lo que hay.

Doña Francisca

Si usted lo ignora, señor don Diego, por Dios, no finja que lo sabe; y si en efecto lo sabe usted, no me lo pregunte.

Don Diego

Bien está. Una vez que no hay nada que decir, que esa aflicción y esas lágrimas son voluntarias, hoy llegaremos a Madrid, y dentro de ocho días será usted mi mujer.

Doña Francisca

Y daré gusto a mi madre.

Don Diego

Y vivirá usted infeliz.

Doña Francisca

Ya lo sé.

Don Diego

Ve aquí los frutos de la educación. Esto es lo que se llama criar bien a una niña: enseñarla a que desmienta y oculte las pasiones más inocentes con una pérfida disimulación. Las juzgan honestas luego que las ven instruidas en el arte de callar y mentir. Se obstinan en que el temperamento, la edad ni el genio no han de tener influencia alguna en sus inclinaciones, o en que su voluntad ha de torcerse al capricho de quien las gobierna. Todo se las permite, menos la sinceridad. Con tal que no digan lo que sienten, con tal que finjan aborrecer lo que más desean, con tal que se presten a pronunciar, cuando se lo manden, un sí perjuro, sacrí-

143

lego, origen de tantos escándalos, ya están bien criadas, y se llama excelente educación la que inspira en ellas el temor, la astucia y el silencio de un esclavo [51]

Doña Francisca

Es verdad... Todo eso es cierto... Eso exigen de nosotras, eso aprendemos en la escuela que se nos da... Pero el motivo de mi aflicción es mucho más grande.

Don Diego

Sea cual fuere, hija mía, es menester que usted se anime... Si la ve a usted su madre de esa manera, ¿qué ha de decir...? Mire usted que ya parece que se ha levantado.

Doña Francisca

¡Dios mío!

Don Diego

Sí, Paquita; conviene mucho que usted vuelva un poco sobre sí... No abandonarse tanto... Confianza en Dios... Vamos, que no siempre nuestras desgracias son tan grandes como la imaginación las pinta... ¡Mire usted qué desorden éste! ¡Qué agitación! ¡Qué lágrimas! Vaya, ¿me da usted palabra de presentarse así... con cierta serenidad y...? ¿Eh?

Doña Francisca

Y usted, señor... Bien sabe usted el genio de mi madre. Si usted no me defiende, ¿a quién he de volver los ojos? ¿Quién tendrá compasión de esta desdichada?

---

[51] Véase resumido en estas palabras de don Diego el sentido docente de la comedia.

144

DON DIEGO

Su buen amigo de usted... Yo... ¿Cómo es posible que yo la abandonase..., ¡criatura...!, en la situación dolorosa en que la veo? (*Asiéndola de las manos.*)

DOÑA FRANCISCA

¿De veras?

DON DIEGO

Mal conoce usted mi corazón.

DOÑA FRANCISCA

Bien le conozco. (*Quiere arrodillarse;* DON DIEGO *se lo estorba, y ambos se levantan.*)

DON DIEGO

¿Qué hace usted, niña?

DOÑA FRANCISCA

Yo no sé... ¡Qué poco merece toda esa bondad una mujer tan ingrata para con usted!... No, ingrata no: infeliz... ¡Ay, qué infeliz soy, señor don Diego!

DON DIEGO

Yo bien sé que usted agradece como puede el amor que la tengo... Lo demás todo ha sido..., ¿qué sé yo?..., una equivocación mía, y no otra cosa... Pero usted, ¡inocente!, usted no ha tenido la culpa.

DOÑA FRANCISCA

Vamos... ¿No viene usted?

DON DIEGO

Ahora no, Paquita. Dentro de un rato iré por allá.

Vaya usted presto. (*Encaminándose al cuarto de* Doña Irene, *vuelve y se despide de* Don Diego *besándole las manos.*)

Don Diego

Sí, presto iré.

Escena IX

Don Diego, Simón

Simón

Ahí están, señor.

Don Diego

¿Qué dices?

Simón

Cuando yo salía de la Puerta, los vi a lo lejos, que iban ya de camino. Empecé a dar voces y hacer señas con el pañuelo; se detuvieron, y apenas llegué y le dije al señorito lo que usted mandaba, volvió las riendas, y está abajo. Le encargué que no subiera hasta que le avisara yo, por si acaso había gente aquí, y usted no quería que le viesen.

Don Diego

Y ¿qué dijo cuando le diste el recado?

Simón

Ni una palabra... Muerto viene... Ya digo, ni una

146

sola palabra... A mí me ha dado compasión el verle
así tan...

Don Diego

No me empieces ya a interceder por él.

Simón

¿Yo, señor?

Don Diego

Sí, que no te entiendo yo... ¡Compasión!... Es un
pícaro...

Simón

Como yo no sé lo que ha hecho...

Don Diego

Es un bribón, que me ha de quitar la vida... Ya te
he dicho que no quiero intercesores.

Simón

Bien está, señor. (*Vase por la puerta del foro.* Don
Diego *se sienta, manifestando inquietud y enojo.*)

Don Diego

Dile que suba.

Escena X

Don Diego, Don Carlos

Don Diego

Venga usted acá, señorito, venga usted... ¿En dónde has estado desde que no nos vemos?

Don Carlos

En el mesón de afuera.

Don Diego

Y no has salido de allí en toda la noche, ¿eh?

Don Carlos

Sí, señor, entré en la ciudad y...

Don Diego

¿A qué?... Siéntese usted.

Don Carlos

Tenía precisión de hablar con un sujeto... (*Siéntase.*)

Don Diego

¡Precisión!

Don Carlos

Sí, señor... Le debo muchas atenciones, y no era posible volverme a Zaragoza sin estar primero con él.

Don Diego

Ya. En habiendo tantas obligaciones de por medio... Pero venirle a ver a las tres de la mañana, me parece mucho desacuerdo... ¿Por qué no le escribiste un papel?... Mira, aquí he de tener... Con este papel que le hubieras enviado en mejor ocasión, no había necesidad de hacerle trasnochar, ni molestar a nadie. (*Dándole el papel que tiraron a la ventana. Don Carlos, luego que le reconoce, se le vuelve y se levanta en ademán de irse.*)

Don Carlos

Pues si todo lo sabe usted, ¿para qué me llama?

148

¿Por qué no me permite seguir mi camino, y se evitaría una contestación de la cual ni usted ni yo quedaremos contentos?

Don Diego

Quiere saber su tío de usted lo que hay en esto, y quiere que usted se lo diga.

Don Carlos

¿Para qué saber más?

Don Diego

Porque yo lo quiero y lo mando. ¡Oiga!

Don Carlos

Bien está.

Don Diego

Siéntate ahí... (*Siéntase* Don Carlos.) ¿En dónde has conocido a esta niña?... ¿Qué amor es éste? ¿Qué circunstancias han ocurrido?... ¿Qué obligaciones hay entre los dos? ¿Dónde, cuándo la viste?

Don Carlos

Volviéndome a Zaragoza el año pasado, llegué a Guadalajara sin ánimo de detenerme; pero el intendente, en cuya casa de campo nos apeamos, se empeñó en que había de quedarme allí todo el día, por ser cumpleaños de su parienta, prometiéndome que al siguiente me dejaría proseguir mi viaje. Entre las gentes convidadas hallé a doña Paquita, a quien la señora había sacado aquel día del convento para que se esparciese un poco... Yo no sé qué vi en ella, que excitó en mí una inquietud, un deseo constante, irresistible, de mirarla, de oírla, de hallarme a su lado, de hablar con ella, de hacerme agradable a sus ojos... El intendente dijo entre otras cosas... burlándose... que yo era muy enamorado, y le ocurrió fingir que me llamaba don Féli:: de Toledo [52] [nombre que dio Calderón a algunos amantes de sus comedias]. Yo sostuve esta ficción, porque desde luego concebí la idea de permanecer algún tiempo en aquella ciudad, evitando que llegase a noticia de usted... Observé que doña Paquita me trató con un agrado particular, y cuando por la noche nos separamos, yo me quedé lleno de vanidad y de esperanzas, viéndome preferido a todos los concurrentes de aquel día, que fueron muchos. En fin... Pero no quisiera ofender a usted refiriéndole...

Don Diego

Prosigue.

Don Carlos

Supe que era hija de una señora de Madrid, viuda y pobre, pero de gente muy honrada... Fue necesario fiar de mi amigo los proyectos de amor que me obligaban a quedarme en su compañía; y él, sin aplaudirlos ni desaprobarlos, halló disculpas, las más ingeniosas, para que ninguno de su familia extrañara mi detención. Como su casa de campo está inmediata a la ciudad, fácilmente iba y venía de noche... Logré que doña Paquita leyese algunas cartas mías; y con las pocas respuestas que de ellas tuve, acabé de precipitarme en una pasión que mientras viva me hará infeliz.

Don Diego

Vaya... Vamos, sigue adelante.

Don Carlos

Mi asistente (que como usted sabe, es hombre de travesura, y conoce el mundo), con mil artificios que

---

[52] Por ejemplo, al galán protagonista de *Antes que todo es mi dama.*

a cada paso le ocurrían, facilitó los muchos estorbos que al principio hallábamos... La seña era dar tres palmadas, a las cuales respondían con otras tres desde una ventanilla que daba al corral de las monjas. Hablábamos todas las noches, muy a deshora, con el recato y las precauciones que ya se dejan entender... Siempre fui para ella don Félix de Toledo, oficial de un regimiento, estimado de mis jefes y hombre de honor. Nunca la dije más, ni la hablé de mis parientes ni de mis esperanzas, ni la di a entender que casándose conmigo podría aspirar a mejor fortuna; porque ni me convenía nombrarle a usted, ni quise exponerla a que las miras de interés, y no el amor, la inclinasen a favorecerme. De cada vez la hallé más fina, más hermosa, más digna de ser adorada... Cerca de tres meses me detuve allí; pero al fin era necesario separarnos, y una noche funesta me despedí, la dejé rendida a un desmayo mortal, y me fui, ciego de amor, adonde mi obligación me llamaba... Sus cartas consolaron por algún tiempo mi ausencia triste, y en una que recibí pocos días ha, me dijo cómo su madre trataba de casarla, que primero perdería la vida que dar su mano a otro que a mí; me acordaba mis juramentos, me exhortaba a cumplirlos... Monté a caballo, corrí precipitado el camino, llegué a Guadalajara, no la encontré, vine aquí... Lo demás bien lo sabe usted, no hay para qué decírselo.

Don Diego

¿Y qué proyectos eran los tuyos en esta venida?

Don Carlos

Consolarla, jurarla de nuevo un eterno amor, pasar a Madrid, verle a usted, echarme a sus pies, referirle todo lo ocurrido, y pedirle, no riquezas, ni herencias, ni protecciones, ni... eso no... Sólo su consentimiento

y su bendición para verificar un enlace tan suspirado,
en que ella y yo fundábamos toda nuestra felicidad.

DON DIEGO

Pues ya ves, Carlos, que es tiempo de pensar muy
de otra manera.

DON CARLOS

Sí, señor.

DON DIEGO

Si tú la quieres, yo la quiero también. Su madre y
toda su familia aplauden este casamiento. Ella... y sean
las que fueren las promesas que a ti te hizo... ella
misma, no ha media hora, me ha dicho que está pronta a obedecer a su madre y darme la mano, así que...

DON CARLOS

Pero no el corazón. (*Levántase.*)

DON DIEGO

¿Qué dices?

DON CARLOS

No, eso no... Sería ofenderla... Usted celebrará sus
bodas cuando guste; ella se portará siempre como conviene a su honestidad y a su virtud; pero yo he sido
el primero, el único objeto de su cariño, lo soy y lo
seré... Usted se llamará su marido; pero si alguna o
muchas veces la sorprende, y ve sus ojos hermosos
inundados en lágrimas, por mí las vierte... No la pregunte usted jamás el motivo de sus melancolías... Yo,
yo seré la causa... Los suspiros, que en vano procurará
reprimir, serán finezas dirigidas a un amigo ausente.

DON DIEGO

¿Qué temeridad es ésta? (*Se levanta con mucho*

152

enojo, encaminándose hacia Don Carlos, *que se va
retirando.*)

Don Carlos

Ya se lo dije a usted... Era imposible que yo hablase una palabra sin ofenderle... Pero, acabemos esta odiosa conversación... Viva usted feliz, y no me aborrezca, que yo en nada le he querido disgustar... La prueba mayor que yo puedo darle de mi obediencia y mi respeto, es la de salir de aquí inmediatamente... Pero no se me niegue a lo menos el consuelo de saber que usted me perdona.

Don Diego

¿Con que, en efecto, te vas?

Don Carlos

Al instante, señor... Y esta ausencia será bien larga.

Don Diego

¿Por qué?

Don Carlos

Porque no me conviene verla en mi vida... Si las voces que corren de una próxima guerra se llegaran a verificar... entonces...

Don Diego

¿Qué quieres decir? (*Asiendo de un brazo a* Don Carlos *le hace venir más adelante.*)

Don Carlos

Nada... Que apetezco la guerra, porque soy soldado.

Don Diego

¡Carlos!... ¡Qué horror!... ¿Y tienes corazón para decírmelo?

153

DON CARLOS

Alguien viene... (*Mirando con inquietud hacia el cuarto de* DOÑA IRENE, *se desprende de* DON DIEGO, *y hace que se va por la puerta del foro.* DON DIEGO *va detrás de él y quiere detenerle.*) Tal vez será ella... Quede usted con Dios.

DON DIEGO

¿Adónde vas?... No, señor, no has de irte.

DON CARLOS

Es preciso... Yo no he de verla... Una sola mirada nuestra pudiera causarle a usted inquietudes crueles.

DON DIEGO

Ya he dicho que no ha de ser... Entra en ese cuarto.

DON CARLOS

Pero si...

DON CARLOS

Haz lo que te mando. (*Entrase* DON CARLOS *en el cuarto de* DON DIEGO.)

ESCENA XI

DOÑA IRENE, DON DIEGO

DOÑA IRENE

Conque, señor don Diego, ¿es ya la de vámonos?... Buenos días... (*Apaga la luz que está sobre la mesa.*) ¿Reza usted?

154

Don Diego

Sí, para rezar estoy ahora. (*Paseándose con inquietud.*)

Doña Irene

Si usted quiere, ya pueden ir disponiendo el chocolate, y que avisen al mayoral para que enganchen luego que... Pero, ¿qué tiene usted, señor?... ¿Hay alguna novedad?

Don Diego

Sí, no deja de haber novedades.

Doña Irene

Pues ¿qué?... Dígalo usted, por Dios... ¡Vaya, vaya!... No sabe usted lo asustada que estoy... Cualquiera cosa, así, repentina, me remueve toda y me... Desde el último mal parto que tuve, quedé tan sumamente delicada de los nervios... Y va ya para diez y nueve años, si no son veinte; pero desde entonces, ya digo, cualquiera friolera me trastorna... Ni los baños, ni caldos de culebra, ni la conserva de tamarindos· nada me ha servido; de manera que...

Don Diego

Vamos, ahora no hablemos de malos partos ni de conservas... Hay otra cosa más importante de que tratar... ¿Qué hacen esas muchachas?

Doña Irene

Están recogiendo la ropa y haciendo el cofre, para que todo esté a la vela [53], y no haya detención.

---

[53] *a la vela,* dispuesto.

Don Diego

Muy bien. Siéntese usted... Y no hay que asustarse ni alborotarse (*siéntanse los dos*) por nada de lo que yo diga; y cuenta, no nos abandone el juicio cuando más lo necesitamos... Su hija de usted está enamorada...

Doña Irene

¿Pues no lo he dicho ya mil veces? Sí señor que lo está; y bastaba que yo lo dijese para que...

Don Diego

¡Este vicio maldito de interrumpir a cada paso! Déjeme usted hablar.

Doña Irene

Bien, vamos, hable usted.

Don Diego

Está enamorada; pero no está enamorada de mí.

Doña Irene

¿Qué dice usted?

Don Diego

Lo que usted oye.

Doña Irene

Pero, ¿quién le ha contado a usted esos disparates?

Don Diego

Nadie. Yo lo sé, yo lo he visto, nadie me lo ha contado, y cuando se lo digo a usted, bien seguro estoy de que es verdad... Vaya, ¿qué llanto es ése?

Doña Irene

(*Llora.*) ¡Pobre de mí!

Don Diego

¿A qué viene eso?

Doña Irene

¡Porque me ven sola y sin medios, y porque soy una pobre viuda, parece que todos me desprecian y se conjuran contra mí!

Don Diego

Señora doña Irene...

Doña Irene

Al cabo de mis años y de mis achaques, verme tratada de esta manera, como un estropajo, como una puerca cenicienta, vamos al decir... ¿Quién lo creyera de usted?... ¡Válgame Dios!... ¡Si vivieran mis tres difuntos!... Con el último difunto que me viviera, que tenía un genio como una serpiente...

Don Diego

Mire usted, señora, que se me acaba ya la paciencia.

Doña Irene

Que lo mismo era replicarle que se ponía hecho una furia del infierno, y un día del Corpus, yo no sé por qué friolera, hartó de mojicones a un comisario ordenador [54], y si no hubiera sido por dos padres del Carmen, que se pusieron de por medio, le estrella contra un poste en los portales de Santa Cruz.

---

[54] *Comisario ordenador:* «Empleo nuevamente introducido. La persona que hay en las provincias donde hay tropas, por cuya mano se distribuyen las órdenes a los otros comisarios de fuerza, que por esto se llama ordenador. Ya se van extinguiendo por orden del Rey, por no ser necesarios, habiéndose creado los intendentes, que son a quienes se dirigen las órdenes.» (*Dicc. de Autoridades.*)

Don Diego

Pero ¿es posible que no ha de atender usted a lo que voy a decirla?

Doña Irene

¡Ay! No señor, que bien lo sé, que no tengo pelo de tonta, no, señor... Usted ya no quiere a la niña, y busca pretextos para zafarse de la obligación en que está... ¡Hija de mi alma y de mi corazón!

Don Diego

Señora doña Irene, hágame usted el gusto de oírme, de no replicarme, de no decir despropósitos, y luego que usted sepa lo que hay, llore y gima y grite, y diga cuanto quiera... Pero, entretanto, no me apure usted el sufrimiento, por amor de Dios.

Doña Irene

Diga usted lo que le dé la gana.

Don Diego

Que no volvamos otra vez a llorar y a...

Doña Irene

No, señor, ya no lloro. (*Enjugándose las lágrimas con un pañuelo.*)

Don Diego

Pues hace ya cosa de un año, poco más o menos, que doña Paquita tiene otro amante. Se han hablado muchas veces, se han escrito, se han prometido amor, fidelidad, constancia... Y por último, existe en ambos una pasión tan fina, que las dificultades y la ausencia, lejos de disminuirla, han contribuido eficazmente a hacerla mayor. En este supuesto...

158

Doña Irene

Pero ¿no conoce usted, señor, que todo es un chisme inventado por alguna mala lengua que no nos quiere bien?

Don Diego

Volvemos otra vez a lo mismo... No, señora, no es chisme. Repito de nuevo que lo sé.

Doña Irene

¿Qué ha de saber usted, señor, ni qué traza tiene eso de verdad? ¡Conque la hija de mis entrañas, encerrada en un convento, ayunando los siete reviernes [55], acompañada de aquellas santas religiosas!... ¡Ella, que no sabe lo que es mundo, que no ha salido todavía del cascarón, como quien dice!... Bien se conoce que no sabe usted el genio que tiene Circuncisión... ¡Pues bonita es ella para haber disimulado a su sobrina el menor desliz!

Don Diego

Aquí no se trata de ningún desliz, señora doña Irene; se trata de una inclinación honesta, de la cual hasta ahora no habíamos tenido antecedente alguno. Su hija de usted es una niña muy honrada, y no es capaz de deslizarse... Lo que digo es que la madre Circuncisión, y la Soledad, y la Candelaria, y todas las madres, y usted, y yo el primero, nos hemos equivocado solemnemente. La muchacha se quiere casar con otro, y no conmigo... Hemos llegado tarde; usted ha contado muy de ligero con la voluntad de su hija... Vaya, ¿para qué es cansarnos? Lea usted ese papel, y verá si tengo razón. (*Saca el papel de* Don Carlos *y se le da a*

---

[55] *reviernes*, cada uno de los siete viernes siguientes a la Pascua de Resurrección.

Doña Irene. *Ella, sin leerle, se levanta muy agitada, se acerca a la puerta de su cuarto y llama. Levántase* Don Diego *y procura en vano contenerla.*)

Doña Irene

¡Yo he de volverme loca!... ¡Francisquita!... ¡Virgen del Tremedal!... ¡Rita! ¡Francisca!

Don Diego

Pero, ¿a qué es llamarlas?

Doña Irene

Sí, señor; que quiero que venga y que se desengañe la pobrecita de quién es usted.

Don Diego

Lo echó todo a rodar... Esto le sucede a quien se fía de la prudencia de una mujer.

ESCENA XII

Doña Francisca, Doña Irene, Don Diego, Rita

(*Salen* Doña Francisca *y* Rita *de su cuarto*)

Rita

Señora.

Doña Francisca

¿Me llamaba usted?

Doña Irene

Sí, hija, sí; porque el señor Don Diego nos trata de un modo que ya no se puede aguantar. ¿Qué amores

tienes, niña? ¿A quién has dado palabra de matrimonio? ¿Qué enredos son éstos?... Y tú, picarona...
Pues tú también lo has de saber... Por fuerza lo sabes... ¿Quién ha escrito este papel? ¿Qué dice?...
(*Presentando el papel abierto a* DOÑA FRANCISCA.)

RITA

(*Aparte a* DOÑA FRANCISCA: Su letra es.)

DOÑA FRANCISCA

¡Qué maldad!... Señor don Diego, ¿así cumple usted su palabra?

DON DIEGO

Bien sabe Dios que no tengo la culpa... Venga usted aquí... (*Tomando de una mano a* DOÑA FRANCISCA, *la pone a su lado.*) No hay que temer... Y usted, señora, escuche y calle, y no me ponga en términos de hacer un desatino... Déme usted ese papel... (*Quitándola el papel.*) Paquita, ya se acuerda usted de las tres palmadas de esta noche.

DOÑA FRANCISCA

Mientras viva me acordaré.

DON DIEGO

Pues éste es el papel que tiraron a la ventana... No hay que asustarse, ya lo he dicho. (*Lee.*) «Bien mío: si no consigo hablar con usted, haré lo posible para que llegue a sus manos esta carta. Apenas me separé de usted, encontré en la posada al que yo llamaba mi enemigo, y al verle no sé cómo no expiré de dolor. Me mandó que saliera inmediatamente de la ciudad, y fue preciso obedecerle. Yo me llamo don Carlos, no don Félix. Don Diego es mi tío. Viva usted dichosa,

161

y olvide para siempre a su infeliz amigo. *Carlos de Urbina.*»

DOÑA IRENE

¿Conque hay eso?

DOÑA FRANCISCA

¡Triste de mí!

DOÑA IRENE

¿Conque es verdad lo que decía el señor, grandísima picarona? Te has de acordar de mí. (*Se encamina hacia* DOÑA FRANCISCA, *muy colérica, y en ademán de querer maltratarla.* RITA *y* DON DIEGO *lo estorban.*)

DOÑA FRANCISCA

¡Madre!... ¡Perdón!

DOÑA IRENE

No, señor, que la he de matar.

DON DIEGO

¿Qué locura es ésta?

DOÑA IRENE

He de matarla.

ESCENA XIII

DON CARLOS, DON DIEGO, DOÑA IRENE, DOÑA FRAN-
CISCA, RITA

(*Sale* DON CARLOS *del cuarto precipitadamente; coge de un brazo a* DOÑA FRANCISCA, *se la lleva hacia el fondo del teatro y se pone delante de ella para defenderla.* DOÑA IRENE *se asusta y se retira.*)

DON CARLOS

Eso no... Delante de mí nadie ha de ofenderla.

DOÑA FRANCISCA

¡Carlos!

DON CARLOS

Disimule (*A* DON DIEGO) usted mi atrevimiento... He visto que la insultaban, y no me he sabido contener.

DOÑA IRENE

¿Qué es lo que me sucede Dios mío?... ¿Quién es usted?... ¿Qué acciones son éstas?... ¡Qué escándalo!

DON DIEGO

Aquí no hay escándalos... Ése es de quien su hija de usted está enamorada... Separarlos y matarlos viene a ser lo mismo... Carlos... No importa... Abraza a tu mujer. (*Se abrazan* DON CARLOS *y* DOÑA FRANCISCA, *y después se arrodillan a los pies de* DON DIEGO.)

DOÑA IRENE

¿Conque su sobrino de usted?...

DON DIEGO

Sí, señora, mi sobrino, que con sus palmadas, y su música, y su papel, me ha dado la noche más terrible que he tenido en mi vida... ¿Qué es esto, hijos míos, qué es esto?

DOÑA FRANCISCA

¿Conque usted nos perdona y nos hace felices?

Don Diego

Sí, prendas de mi alma... Sí. (*Los hace levantar con expresión de ternura.*)

Doña Irene

¿Y es posible que usted se determina a hacer un sacrificio?...

Don Diego

Yo pude separarlos para siempre, y gozar tranquilamente la posesión de esta niña amable; pero mi conciencia no lo sufre... ¡Carlos!... ¡Paquita!... ¡Qué dolorosa impresión me deja en el alma el esfuerzo que acabo de hacer!... Porque, al fin, soy hombre miserable y débil.

Don Carlos

(*Besándole las manos.*) Si nuestro amor, si nuestro agradecimiento pueden bastar a consolar a usted en tanta pérdida...

Doña Irene

¡Conque el bueno de don Carlos! Vaya que...

Don Diego

Él y su hija de usted estaban locos de amor, mientras que usted y las tías fundaban castillos en el aire, y me llenaban la cabeza de ilusiones, que han desaparecido como un sueño... Esto resulta del abuso de autoridad, de la opresión que la juventud padece; éstas son las seguridades que dan los padres y los tutores, y esto es, lo que se debe fiar en el sí de las niñas... Por una casualidad he sabido a tiempo el error en que estaba... ¡Ay de aquéllos que lo saben tarde!

Doña Irene

En fin, Dios los haga buenos, y que por muchos

años se gocen... Venga usted acá, señor, venga usted, que quiero abrazarle. (*Abrazando a* DON CARLOS. DOÑA FRANCISCA *se arrodilla y besa la mano a su madre.*) Hija, Franciscuita. ¡Vaya! Buena elección has tenido... Cierto que es un mozo galán... Morenillo, pero tiene un mirar de ojos muy hechicero.

RITA

Sí, dígaselo usted, que no lo ha reparado la niña... Señorita, un millón de besos. (*Se besan* DOÑA FRANCISCA *y* RITA.)

DOÑA FRANCISCA

Pero, ¿ves qué alegría tan grande?... ¡Y tú, como me quieres tanto!... Siempre, siempre serás mi amiga.

DON DIEGO

Paquita hermosa (*Abraza a* DOÑA FRANCISCA), recibe los primeros abrazos de tu nuevo padre... No temo ya la soledad terrible que amenazaba a mi vejez... Vosotros (*Asiendo de las manos a* DOÑA FRANCISCA *y a* DON CARLOS) seréis la delicia de mi corazón; y el primer fruto de vuestro amor... sí, hijos, aquel... no hay remedio, aquél es para mí. Y cuando le acaricie en mis brazos, podré decir: a mí me debe su existencia este niño inocente; si sus padres viven, si son felices, yo he sido la causa.

DON CARLOS

¡Bendita sea tanta bondad!

DON DIEGO

Hijos, bendita sea la de Dios.

Colección Letras Hispanicas